JN081913

そのまま使える！
家族が困らない
遺言書の書き方

司法書士 **柴崎智哉** 著

ナツメ社

はじめに

　本書を手に取っていただきありがとうございます。

　本書は「遺言書をつくろうか悩んでいる人」「遺言書の正しいつくり方を知りたい人」「遺言書を書く際の見本となる文例を探している人」に向けて、相続の知識や遺言書のつくり方をわかりやすく解説した1冊です。

　遺言書をつくる一番の目的は、将来、家族が相続手続きできずに困るのを防ぐことです。筆者は司法書士として20年に渡り、不動産や預金の相続手続きのご依頼を承ってきました。

　初回相談の際には「遺言書がない場合、不動産や預貯金を誰が相続するのか相続人全員で話し合って、遺産分割協議書を作成します。これに相続人全員の実印を押印して印鑑証明書を添付します」と説明しています。

　この手続きがスムーズにできればよいのですが、遺産分割の話し合いが難しかったり、できなかったりするケースもあります。

　たとえば、音信不通の相続人がいるケースです。また、子どものいない夫婦の場合、亡くなった人の親または兄弟姉妹や甥姪が相続人に入ってきます。遺された配偶者は、これらの人たちと遺産分割の話し合いをしなければなりません。亡くなった人に前婚のときの子がいる場合は、前婚のときの子も相続人ですから、連絡を取る必要があります。そのほか亡くなった人が独身で兄弟姉妹や甥姪が相続人となる場合、相続人の数が10人、20人、またはそれ以上になることもあります。そうなると全員と連絡を取るだけでも大変でしょう。

　これらの遺産分割協議が難しいケースに該当する場合でも、遺言書を生前につくっていれば、遺言書を使って不動産や預貯

金の相続手続きができたのです。ただ、相続が始まってから、そのことを知った相談者の中には、「知るのが遅かった」と落胆される人もいらっしゃいます。このようなことを少しでも減らすため、本書を通じて遺言書の必要性をお伝えいたします。

　なお、遺言書を自己流で書くのは危険です。司法書士の仕事をしていると、亡くなった人の書いた遺言書を相談者がお持ちになることがあります。しかし、ハンコが押されておらず無効だったり、不動産の表記が不正確で相続手続きに使えなかったりしたことも多々ありました。そのような結果になることを防ぎたいと思い、実際の相続手続きに使える遺言書をつくれるように執筆したのが本書です。

　第1章と第2章では、相続・遺言書の基礎知識をわかりやすく解説し、第3章と第4章では実際の遺言書のつくり方を豊富な文例とともに説明しています。「1人に全財産を相続させる」というシンプルな内容であれば、第3章をお読みいただくだけでも、間違いのない遺言書をつくるのに役立つでしょう。また、第3章では公正証書遺言をつくる際の準備方法も実践的に解説しています。最後に、第5章では、相続開始後の相続人の負担を減らすために、今から準備できることをお伝えしています。

　本書では、筆者の実務経験から培った遺言書作成のポイントやノウハウを余すことなくお伝えしています。将来、家族や大切な人が相続手続きで困ることのないように、非の打ちどころがない遺言書を作成しましょう。

　本書がその一助になることを願っています。

司法書士　柴崎智哉

遺言書って必要なの？

そのまま使える！
家族が困らない遺言書の書き方

目　次

はじめに ……………………………………………………… 2

マンガ 遺言書って必要なの? ……………………………… 4

本書の使い方 ………………………………………………… 14

第1章　相続の基本としくみ

マンガ 相続ってどういうしくみ? ……………………………… 16

相続の流れを理解する ……………………………………… 18

何が相続財産になるのか? ………………………………… 20

相続人は誰か? ……………………………………………… 22

法定相続分 …………………………………………………… 26

代襲相続人の法定相続分 …………………………………… 30

相続手続きに必要な戸籍謄本の取得 ……………………… 32

法定相続情報証明制度の活用 ……………………………… 34

特別受益と寄与分 …………………………………………… 36

遺産の分け方を話し合う …………………………………… 38

遺産分割協議書の作成 ……………………………………… 40

不動産・預貯金の相続手続き ……………………………… 42

亡くなった人に借金があるケース ……………………………… 44

相続税の申告が必要かどうか確認する ………………………… 46

配偶者の税額軽減 ………………………………………………… 48

小規模宅地等の特例 ……………………………………………… 50

　　Column　相続税の申告の要否を調べる …………………… 52

第 2 章 遺言書の基本

マンガ　そもそも遺言書ってどんなもの？ ……………………… 54

遺言書の必要性 …………………………………………………… 56

遺言書でできること ……………………………………………… 58

遺留分 ……………………………………………………………… 60

遺留分侵害額請求 ………………………………………………… 64

自筆証書遺言 ……………………………………………………… 66

自筆証書遺言のメリット・デメリット ………………………… 68

遺言書の検認 ……………………………………………………… 70

法務局に遺言書を預ける ………………………………………… 72

遺言書保管制度のメリット・デメリット ……………………… 74

公正証書遺言 ……………………………………………………… 76

公正証書遺言のメリット・デメリット ………………………… 78

どの遺言の方式にすればよいのか？ …………………………… 80

遺言書の撤回や変更 ……………………………………………… 82

　　Column　遺言書のさまざまな方式 ………………………… 84

第 **3** 章 **遺言書の書き方**

マンガ 遺言書の書き方には決まりがある	86
シンプルな自筆証書遺言を書いてみる	88
シンプルな自筆証書遺言の文例	90
効力のある遺言書にするための７つのポイント	92
予備的遺言を記載する	94
遺言執行者は必要か？	96
遺贈したいときの記載方法	98
自筆証書遺言の変更方法	100
自筆証書遺言の目録をパソコンでつくる	102
複雑な内容の遺言書の作成準備	104
遺言書設計シートの記載方法（不動産と預貯金）	106
遺言書設計シートの記載方法（その他の財産と各種指定）	108
公正証書遺言の作成手順	110
Column 遺言書とエンディングノートの違い	114

第 **4** 章 **ケース別の遺言書の文例**

マンガ 遺言書で希望を叶える	116
不動産を相続させる	118
マンションを相続させる	120

不動産を複数の相続人に共有で相続させる ……………………… 122

未登記建物を相続させる ……………………………………………… 124

アパートローンを承継させる ………………………………………… 126

将来取得する予定の不動産を相続させる ………………………… 128

建物とその敷地の借地権を相続させる …………………………… 130

特定の銀行口座の預貯金を相続させる …………………………… 132

特定の金融機関にあるすべての預貯金を相続させる ………… 134

遺言執行者を指定する ………………………………………………… 136

遺言執行者に預貯金を分配させる ………………………………… 138

遺言執行者に不動産を売却させ売却代金を分配させる ……… 140

遺言執行者が貸金庫を開けられるようにする ………………… 142

有価証券を相続させる ………………………………………………… 144

自動車等を相続させる ………………………………………………… 146

相続人以外に預貯金を特定遺贈する ……………………………… 148

相続人以外に不動産を特定遺贈する ……………………………… 150

遺言書に記載していない財産を相続させる …………………… 152

相続人が亡くなっていた場合に備える …………………………… 154

受遺者が亡くなっていた場合に備える …………………………… 156

死亡保険金の受取人を遺言書で変更する ………………………… 158

祭祀主宰者を指定する ………………………………………………… 160

子のいない夫婦が財産を配偶者に相続させる ………………… 162

夫から妻が相続した財産を夫の親族に遺贈する ……………… 164

前婚のときの子以外の相続人に相続させる …………………… 166

前婚のときの子にも相続させる …………………………………… 168

内縁の配偶者に遺産を渡す …………………………………… 170

相続人以外の人も遺産分割協議に参加させる ………………… 172

世話をしてくれる甥姪に遺贈する ……………………………… 174

世話をしてくれた相続人の相続分を増やす ………………… 176

配偶者の住居を確保する ………………………………………… 178

家を建てた子に土地を相続させる ……………………………… 180

遺言で相続した財産の持戻しを免除する ……………………… 182

相続分から生前贈与分を差し引かないようにする ………… 184

認知症の配偶者の扶養を義務付ける …………………………… 186

会社経営者の株式を相続させる ………………………………… 188

ペットの世話を頼む ……………………………………………… 190

婚姻外の子を認知する …………………………………………… 192

相続人を廃除する ………………………………………………… 194

未成年者の後見人を指定する …………………………………… 196

外国人の相続手続きの負担を軽減する ………………………… 198

遺言を撤回する …………………………………………………… 200

遺産分割を一定期間できないようにする ……………………… 202

遺留分侵害額請求のお金を払う人を指定する ………………… 204

葬儀や献体などの希望を付言事項で伝える …………………… 206

Column 不動産を誰に相続させるべきか …………………… 208

第 **5** 章 遺言書とあわせて行う相続準備

マンガ 相続の準備は遺言書のほかにも… ……………………………… 210

家族に負担を掛けないための相続準備 …………………………… 212

預金口座を整理する ……………………………………………… 216

上場株式などは現金化することも検討する ……………………… 218

不動産購入時の契約書や領収書を取っておく …………………… 220

生命保険を相続税対策に活用する ………………………………… 222

相続登記をしていない不動産は登記しておく …………………… 224

贈与について知る …………………………………………………… 226

贈与契約書で証拠を残しておく …………………………………… 228

マンガ 遺言書は大切な家族のために用意する ……………………… 230

巻末資料

相続と遺言の相談先 ………………………………………………… 232

ダウンロードファイル ……………………………………………… 234

主な参考文献 ………………………………………………………… 237

さくいん ……………………………………………………………… 238

●本文デザイン・DTP／アイル企画
●マンガ・イラスト／吉田美紀子
●校正／ぷれす
●編集協力／山角優子、渡邉宥介（ヴュー企画）
●編集担当／奥迫了平（ナツメ出版企画）

本書の使い方

本書は相続や遺言の基本、遺言書の書き方、相続対策などをわかりやすく解説しています。本書を活用することで相続と遺言についての理解を深めることができ、決まりに則した正しい遺言書を書くことができるようになります。

3つの側注

用語解説
相続や遺言を理解するうえで知っておきたい語句をピックアップしています。

アドバイス
手続きをするときのアドバイスや、理解を深めるための補足を掲載しています。

著者コメント
相続手続きの経験豊富な著者からのコメントです。

Point
その項目で押さえたい重要なポイントを示しています。

---

4 遺言執行者は必要か?

Point
● 遺言執行者がいない場合、預貯金の相続手続きに相続人全員の実印と印鑑証明書を要求する金融機関もある
● 遺言で家族を遺言執行者に指定することもできる

アドバイス
遺言執行者がいなかったり、いなくなったりした場合、相続人など利害関係人は家庭裁判所に遺言執行者の選任申立をすることができます。

遺言執行者がいないときの現実的な問題

相続人に「相続させる」旨の遺言書であった場合、遺言執行者がいなくても、その相続人が単独で不動産の相続登記もできますし、預貯金の相続手続きも行えます。しかし、金融機関の中には、遺言執行者がいない場合、預貯金の相続手続きに相続人全員の実印の押印と印鑑証明書を要求するところがあります。少数派ではあると思われますが、これに対応するため、遺言の中で遺言執行者を指定しておくことが考えられます。

遺言執行者を指定する

遺言執行者は士業や信託銀行でなくてもかまいません。法律上、遺言執行者になれないのは未成年者と破産者なので、遺言執行者に家族や受遺者などを指定することも可能です。遺言執行者だからといって遺言執行を全部自ら行わなくてはいけないわけではなく、遺言執行者は自分の責任で第三者に手伝ってもらうこともできます。遺言執行者の権限を拡げるために、家族を遺言執行者に指定しておき、実際に相続が始まったら、必要に応じて士業に遺言執行を手伝ってもらうことも考えられます。

承諾等により、遺言執行者がその地位に就くことを「就職」と表します。

遺言執行者を遺言書で指定するときは、「遺言者は、この遺言の遺言執行者として○○○○を指定する」などと記載します。

✓ **遺言執行者を指定する文例**

1. 遺言者は、遺言者の有する一切の財産を、遺言者の妻川越花子（昭和○年○月○日生）に相続させる。

2. 遺言者の死亡以前に前記妻川越花子が死亡していた場合は、遺言者は、遺言者の有する一切の財産を、遺言者の長女加戸洋子（昭和○年○月○日生）に相続させる。

3. 遺言者は、この遺言の遺言執行者として前記妻川越花子を指定する。

4. 前記妻川越花子が死亡した場合または前記妻川越花子が遺言執行に就職しなかった場合は、遺言者は、この遺言の遺言執行者として前記長女加戸洋子を指定する。

遺言執行者を指定する条項。

指定した人が亡くなった場合や遺言拒否が気になる場合の予備的な遺言執行者になるのを見込んだ場合の予備的な遺言執行者を指定することもできる。

遺言執行者が相続開始後にすること

遺言執行者になった人は、相続開始後に、遺言の内容を相続人に通知しなければならないまた、遺言書のコピーを添えて通知すればよいでしょう。また、遺言執行者は相続財産の目録をつくって、相続人に交付しなければなりません。相続人から請求があった場合は事務処理の状況を報告し、遺言執行が終了した場合は終了時の顛末の経過と結果を報告します。これらの義務を怠ると、相続人から損害賠償を請求される可能性があるので注意しましょう。

※遺言執行者用の相続財産目録は、資料（P.235 参照）からダウンロードできる。

本文
各項目の理解してほしい内容をわかりやすい文章でまとめています。重要な箇所にはマーカーを引いています。

囲み情報
知っておくとよい補足事項や、よくある質問事項を解説しています。

図解（文例）
本文の情報や遺言書の文例をわかりやすく図解しています。

本書に掲載されている遺言書の文例を参考に手書きをすれば、自筆証書遺言として活用できます。公正証書遺言の原案とし、公証人に提示することも可能です。また、巻末には相続と遺言に関する相談先のリストや遺言書の作成、そのほか手続きなどで使えるダウンロードファイルを掲載しています。

※本書は、原則として 2023 年 12 月時点の情報をもとに編集しています。

第 **1** 章

相続の基本としくみ

相続にはさまざまな決まりやしくみが存在します。
それを理解しないで相続準備をしてしまうと、
将来、遺された家族が困る原因になるかもしれません。
まずはきちんと、相続の基本としくみを整理しましょう。

1

相続の流れを理解する

○用語解説

相続
亡くなった人のすべての財産上の権利や義務を、家族など一定の身分関係の人が受け継ぐこと。

戸籍謄本
戸籍に記載されている全員の身分事項を証明する書類。

遺産分割協議書
遺産分割について相続人で話し合った内容をまとめた書類。

印鑑証明書
市区町村に印鑑登録した内容を証明する書類。

○アドバイス
右記の相続手続きの流れの③は注意が必要です。遺言書がない場合、相続人全員の実印と印鑑証明書がそろわないと、基本的には、遺産の相続手続きができません。

相続・被相続人・相続人の定義

　ある人が亡くなると、家族など一定の身分関係の人が、亡くなった人のすべての財産上の権利や義務を受け継ぎます。これを**相続**と言います。

　相続において、亡くなった人のことを被相続人、被相続人の権利や義務を受け継ぐ人のことを相続人と言います。

相続手続きの流れ

　被相続人が不動産や預貯金を持っていた場合、相続によって、それらの財産を相続人が受け継ぐことになります。被相続人が遺言書をつくっていない場合、不動産や預貯金の相続手続きの流れはおおむね以下の①〜④の通りです。

①**戸籍謄本**を集めて相続人が誰か証明できるようにする
②相続人全員で遺産の分け方を話し合う
③話し合いがまとまったら、**遺産分割協議書**をつくり、相続人全員が実印を押印し、**印鑑証明書**を付ける(アドバイス参照)
④集めた戸籍謄本、遺産分割協議書、印鑑証明書を使って、不動産や預貯金の相続手続きをする

Point
● 相続は被相続人の財産上の権利や義務を受け継ぐこと
● 相続手続きでは相続関係を証明する戸籍謄本を集める
● 相続手続きには相続人全員の実印と印鑑証明書が必要

☑ 相続手続きの流れ（相続開始から納税まで）

 相続の開始（被相続人の死亡）

 遺言書の確認
・自宅を探す
・公証役場で検索する
・法務局で保管しているか確認する

――【遺言書あり】――▶ **遺言書の検認（P.70参照）**
・公正証書遺言、法務局で保管してある遺言書以外は家庭裁判所に提出する
・封印のある遺言書は家庭裁判所で開封する

相続人の確認（P.22参照）
・戸籍謄本を集めて相続人を確認する

 相続財産の調査
・プラスの財産だけでなく、借金などマイナスの財産も調べる（P.20参照）

――【負債が多額】――▶ **相続放棄または限定承認**
・3カ月以内に行う（P.44〜45参照）

 準確定申告
・確定申告をすべき人が亡くなった場合に、相続人が申告を行う
・4カ月以内に行う

> 準確定申告をしないと、無申告加算税がかかるので注意しましょう。

 遺産分割協議
・遺言書がない場合、相続人全員で遺産の分け方を話し合う（P.38参照）
・遺産分割協議書の作成（P.40参照）

――【まとまらない】――▶ **遺産分割調停・審判**
・裁判所での手続きになる（P.39参照）

不動産の相続登記（名義変更）
・3年以内に行う（P.42参照）

預貯金等の相続手続き（P.42参照）

▶ **相続税の申告・納税**
・相続税の基礎控除額を超えている場合は、10カ月以内に行う（P.46参照）

2 何が相続財産に なるのか？

○用語解説

動産
お金や家具など動かすことのできる財産のこと。民法上で不動産以外の財産は動産とされている。

賃借権
賃貸借契約に基づき賃借人が契約の目的物を使用して収益を得ることができる権利。

一身専属権
特定の者（被相続人）のみに帰属する権利。他者（相続人）に移転しない性質を持つため、一身専属権は相続や譲渡の対象にならない。

相続の対象となる財産

　原則として、被相続人のすべての財産が相続財産です。代表的なものは、不動産、預貯金、有価証券、現金、自動車、**動産**、**賃借権**などです（プラスの財産）。ただし、被相続人の借金、未払いの税金、負債などのマイナスの財産も相続人は相続します。プラスの財産よりマイナスの財産が多い場合は、相続放棄も検討しましょう。

相続の対象とならない財産

　被相続人その人だけが受けるべき権利（**一身専属権**）は相続できません。たとえば、年金受給権や生活保護受給権、国家資格、労働者の地位などが当てはまります。

　また、被相続人が保険契約者兼被保険者であり、死亡保険金受取人に特定の人を指定している生命保険契約の死亡保険金は、相続財産ではなく、受取人の固有財産です。ただし、相続税の計算上は、みなし相続財産として課税対象となります。

　そのほか、仏壇や位牌、墓石、墓地など祖先を祀るための祭祀財産は、被相続人が指定した人が引き継ぎます。指定がない場合は、その地域の慣習で決まりますが、指定もなく慣習も明らかでないときは家庭裁判所が決めます。

- 原則的には被相続人のすべての財産が相続財産となる
- 借金などのマイナスの財産も相続人は相続する
- 一身専属権、祭祀財産などは相続財産ではない

●プラスの財産

不動産、預貯金、有価証券、現金、自動車、動産、賃借権、家財、絵画、宝石・貴金属類、特許権、著作権など

●マイナスの財産

借金、負債、未払いの税金、未払いの地代・家賃、未払いの医療費など

プラスの財産よりマイナスの財産が多い場合、相続放棄を検討しましょう。

一身専属権（年金受給権や生活保護受給権、国家資格など）、死亡保険金、祭祀財産（仏壇や位牌、墓石、墓地など）、遺族年金など

Q 被相続人の借金の有無は調べられるの?

A 個人信用情報機関に開示請求をすると被相続人の借金の情報を調べることができます。個人信用情報機関には、シー・アイ・シー（CIC）、日本信用情報機構（JICC）、全国銀行個人信用情報センター（KSC）があり、各ホームページには開示請求の方法が記載されています。ただし、個人からの借入は個人信用情報機関に登録されません。また、保証人の場合は登録されないケースもあり、すべての負債がわかるとは限りません。

相続人は誰か？

○ 用語解説

非嫡出子
法律上の婚姻関係にない男女の間に生まれた子を非嫡出子と言う。母親とは出産により親子関係となるが、父親とは認知により法律上の親子関係となる。被相続人に認知した子がいた場合は、その認知した子も相続人となる。

相続欠格
被相続人の遺言書を破棄するなどした場合に相続権を失わせる制度（P.71参照）。

廃除
被相続人の請求や遺言によって、遺留分を有する推定相続人（兄弟姉妹以外の推定相続人）の相続権を剥奪する制度（P.194参照）。

直系卑属
親子関係でつながる親族のうち子、孫、ひ孫など自分より後の世代の者のこと。

配偶者は常に相続人となる

　相続人の範囲は民法で決められており、これに該当する人を法定相続人と言います。法定相続人は、配偶者相続人と血族相続人の2つに分けられます。被相続人に配偶者（夫または妻）がいた場合、配偶者は常に相続人となります。また次に説明する血族相続人もいる場合は、配偶者と血族相続人が相続人となります。

血族相続人の順位（第1順位）
子と代襲相続人（直系卑属）

　被相続人の子（養子、胎児を含む）は相続人となります。**非嫡出子**（被相続人が父親の場合、認知が必要）も相続人です。

　子が被相続人の死亡以前に死亡していた場合（**相続欠格**や**廃除**で相続権を失った場合も含む）、その死亡した子の子（被相続人の孫）が相続人となります。これを代襲相続と言います（P.24図参照）。

　なお、孫も被相続人の死亡以前に死亡していた場合は、さらにその孫の子（被相続人のひ孫）が相続人となります（再代襲相続）。

　自分より後の世代で直系の親族を**直系卑属**と呼びますが、直系卑属の場合は、何代でも再代襲相続が続きます。

- 配偶者は常に相続人となる
- 血族相続人には優先順位があり、①子、②直系尊属、③兄弟姉妹の順となる

血族相続人の順位（第2順位）親など直系尊属

第1順位に該当する人がいない場合、被相続人の親など（**直系尊属**）が相続人となります（P.25上図参照）。

被相続人の死亡以前に両親とも亡くなっていた場合は、被相続人の祖父母が相続人です。祖父母も全員亡くなっていれば曾祖父母が相続人となり、順次、上の世代が相続人となります。

○用語解説
直系尊属
親子関係でつながる親族のうち親、祖父母、曾祖父母など自分より前の世代の者のこと。

血族相続人の順位（第3順位）兄弟姉妹と代襲相続人

第1順位と第2順位に該当する人がいない場合、被相続人の兄弟姉妹が相続人となります（P.25下図参照）。被相続人の親に養子がいた場合、この養子も兄弟姉妹として相続人となります。

兄弟姉妹が被相続人の死亡以前に死亡していた場合（相続欠格や廃除で相続権を失った場合も含む）、その死亡した兄弟姉妹の子（被相続人の甥姪）が相続人となります（代襲相続）。

なお、兄弟姉妹の場合、代襲するのは一代限りであるため、甥姪も被相続人の死亡以前に死亡していた場合には、死亡した甥姪の子は相続人となりません。

配偶者がいない場合は、血族相続人のみが相続人となります。

☑ 第1順位の相続例（子と代襲相続人）

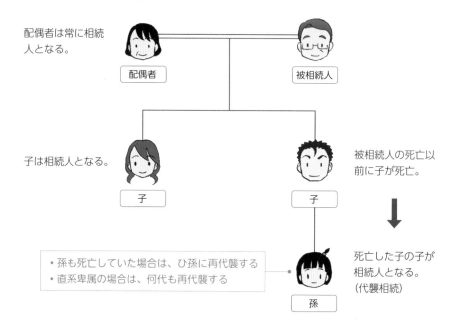

配偶者は常に相続人となる。

子は相続人となる。

被相続人の死亡以前に子が死亡。

死亡した子の子が相続人となる。（代襲相続）

・孫も死亡していた場合は、ひ孫に再代襲する
・直系卑属の場合は、何代も再代襲する

被相続人の子が相続放棄した場合

被相続人の子が相続放棄した場合、相続放棄した子の子は代襲相続人にはなれません。代襲相続するのは、被相続人の死亡以前に子が死亡した場合、相続欠格または廃除により相続権を失った場合です。相続放棄の場合は該当しませんので、相続放棄した子の子は代襲相続人にはなれません。

Q 被相続人に養子がいた場合で、養子が被相続人の死亡する前に亡くなっていたときは、養子の子は代襲相続人になれるの?

A 被相続人の養子が被相続人の死亡以前に死亡していた場合、その養子の子が、養子縁組後に生まれたのであれば代襲相続人となります。逆に、養子縁組前に生まれていた場合は、代襲相続人となりません。

☑ 第2順位の相続例（直系尊属）

被相続人に子などの第1順位に該当する人がいない場合は、被相続人の親が相続人となる。

被相続人の死亡以前に被相続人の両親が死亡していた場合は、被相続人の祖父母が相続人となる

配偶者は常に相続人となる。

☑ 第3順位の相続例（兄弟姉妹と代襲相続人）

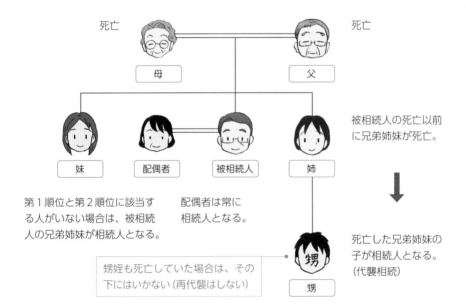

第1順位と第2順位に該当する人がいない場合は、被相続人の兄弟姉妹が相続人となる。

配偶者は常に相続人となる。

甥姪も死亡していた場合は、その下にはいかない（再代襲はしない）

被相続人の死亡以前に兄弟姉妹が死亡。

死亡した兄弟姉妹の子が相続人となる。（代襲相続）

Q 被相続人が養子縁組していて養親がいる場合、直系尊属が相続人となるときは実親も相続人になれるの?

A この場合、養親と実親がともに相続人となります。ただし、被相続人が特別養子の場合は、養親のみとなります。

法定相続分

法定相続分は民法に定められている

　遺言書がある場合は、遺産の分け方は遺言書の内容に従いますが、遺言書がない場合は民法に定められた**法定相続分**で分けます。なお、相続人同士で合意できれば必ずしも法定相続分通りの分け方でなくてもかまいません。しかし、話し合いがまとまらず、裁判所の調停や審判になると、法定相続分が基準の1つとなります。

相続人が複数人いる場合の法定相続分

　各相続人の相続分は次のようになります。
●配偶者と子(第1順位)が相続人
　配偶者がいる場合、配偶者と子の相続分は2分の1ずつとなり、子が複数人いる場合は、子の相続分を頭数で均等分します。
●配偶者と直系尊属(第2順位)が相続人
　配偶者がいる場合、配偶者と直系尊属の相続分は、配偶者が3分の2、直系尊属が3分の1となります。同じ親等の直系尊属が複数人いる場合は、直系尊属の相続分を頭数で均等分します。
●配偶者と兄弟姉妹(第3順位)が相続人
　配偶者がいる場合、配偶者と兄弟姉妹の相続分は、配偶者が4分の3、兄弟姉妹が4分の1となります。兄弟姉妹が複数人いる場合は、兄弟姉妹

Point
- 配偶者と子の法定相続分は2分の1ずつ
- 直系尊属の場合は配偶者3分の2、直系尊属3分の1
- 兄弟姉妹の場合は配偶者4分の3、兄弟姉妹4分の1

の相続分を頭数で均等分します。ただし、父母の一方のみを同じくする兄弟姉妹（**半血兄弟姉妹**）の相続分は父母の双方を同じくする兄弟姉妹（全血兄弟姉妹）の半分です。

○ 用語解説
半血兄弟姉妹
父母の一方のみを同じくする兄弟姉妹のこと。いわゆる異母兄弟姉妹、異父兄弟姉妹。

第1章 相続の基本としくみ

☑ 法定相続分

相続人の組み合わせ	法定相続分		
配偶者のみ	配偶者	全部	
配偶者と子	配偶者	2分の1	
	子	2分の1	子が複数いるときは2分の1を頭数で均等分する
配偶者と直系尊属	配偶者	3分の2	
	直系尊属	3分の1	直系尊属が複数いるときは3分の1を頭数で均等分する
配偶者と兄弟姉妹	配偶者	4分の3	
	兄弟姉妹	4分の1	兄弟姉妹が複数いるときは4分の1を頭数で均等分する（ただし、半血兄弟姉妹は全血兄弟姉妹の半分）
①子のみ **②直系尊属のみ** **③兄弟姉妹のみ**	血族相続人	全部	同順位の者が複数いるときは頭数で均等分する（ただし、半血兄弟姉妹は全血兄弟姉妹の半分）

非嫡出子の相続分

かつて、非嫡出子（婚姻関係にない男女の間に生まれた子）の相続分は嫡出子（結婚している夫婦間の子）の2分の1でした。しかし、これが最高裁判所により憲法に違反するとされ、その後、民法が改正されました。2001年7月1日以後に開始した相続については、すでに遺産分割等が終わったものを除き、嫡出子と非嫡出子の相続分は同等として取り扱われます。

27

▽ 配偶者と子が相続人のときの法定相続分

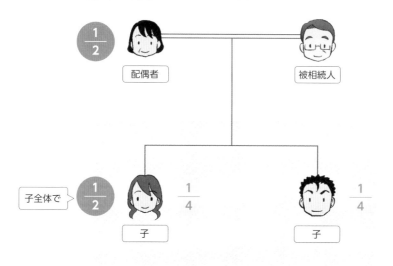

子が複数の場合は、 2分の1を頭数で均等分する。

▽ 配偶者と直系尊属が相続人のときの法定相続分

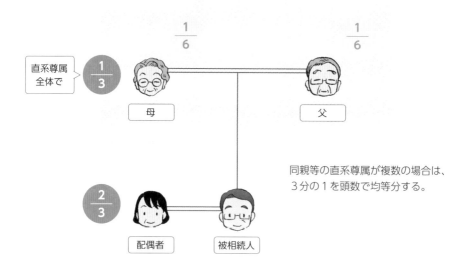

同親等の直系尊属が複数の場合は、
3分の1を頭数で均等分する。

☑ 配偶者と兄弟姉妹が相続人のときの法定相続分

兄弟姉妹が複数の場合は、4分の1を頭数で均等分する。

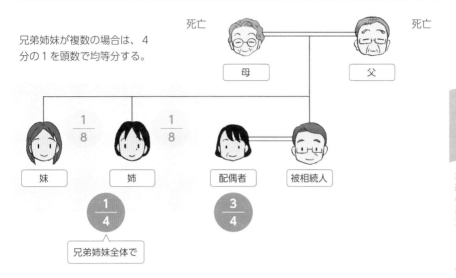

兄弟姉妹全体で

☑ 半血兄弟姉妹の法定相続分

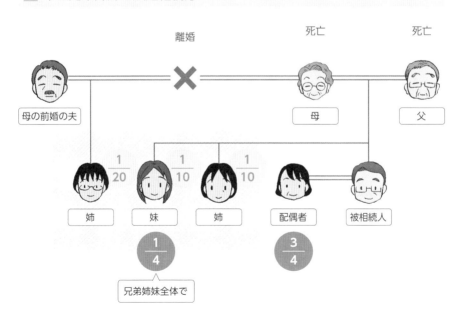

兄弟姉妹全体で

被相続人の母が再婚していて前婚のときの子がいた場合、被相続人とは父母の一方を同じくする半血兄弟姉妹となる。半血兄弟姉妹の相続分は全血兄弟姉妹の半分。

5 代襲相続人の法定相続分

○用語解説

被代襲者
代襲相続が起こったときに、本来相続人となるはずだった人のこと。

子の代襲相続の場合

子が被相続人の死亡以前に死亡していた場合、その死亡した子の子(被相続人の孫)が代襲相続人となります。この場合、死亡した子(**被代襲者**)が受けるはずだった分が代襲相続人の相続分となります。代襲相続人が複数人いる場合は、頭数で均等分します。

法定相続分の割合は相続人の構成によって変わるので、きちんと学んでおきましょう。

兄弟姉妹の代襲相続の場合

兄弟姉妹が被相続人の死亡以前に死亡していた場合、その兄弟姉妹の子(被相続人の甥姪)が代襲相続人となります。この場合、死亡した兄弟姉妹(被代襲者)が受けるはずだった分が代襲相続人の相続分となります。代襲相続人が複数人いる場合は、頭数で均等分します。

相続人がいない場合、相続財産は国のものに

相続人が誰もいないと思われる場合、利害関係人の申立てにより家庭裁判所は相続財産清算人を選任します。相続財産清算人は被相続人の債権者等に対して弁済などをして清算を行います。相続財産が残っていれば、相続人ではないけれども被相続人と特別の縁故があった人(特別縁故者)に相続財産が分与されることもあります。これらの支払いなどをしても相続財産が残っている場合、残った財産は国のものになります。

Point
● 代襲相続人の相続分は、被代襲者が受けるはずだった相続分と同じになる
● 代襲相続人が複数人の場合は頭数で均等分する

第1章 相続の基本としくみ

☑ 被相続人の子が死亡していた場合

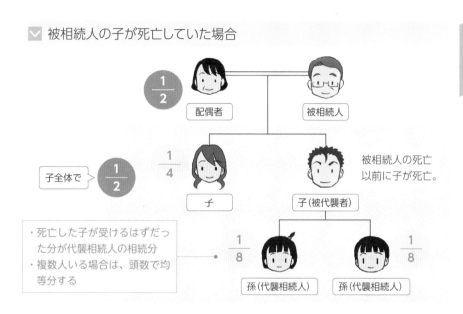

配偶者　$\frac{1}{2}$

被相続人

子　$\frac{1}{4}$

子全体で $\frac{1}{2}$

子（被代襲者）

被相続人の死亡以前に子が死亡。

・死亡した子が受けるはずだった分が代襲相続人の相続分
・複数人いる場合は、頭数で均等分する

孫（代襲相続人）　$\frac{1}{8}$

孫（代襲相続人）　$\frac{1}{8}$

☑ 兄弟姉妹が死亡していた場合

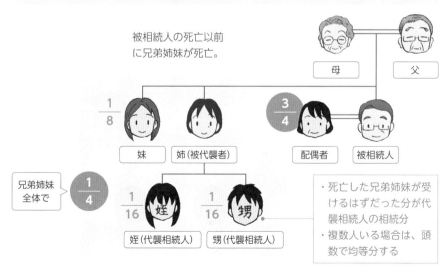

被相続人の死亡以前に兄弟姉妹が死亡。

母　父

妹　姉（被代襲者）　$\frac{1}{8}$

配偶者　被相続人　$\frac{3}{4}$

兄弟姉妹全体で $\frac{1}{4}$

姪（代襲相続人）　$\frac{1}{16}$

甥（代襲相続人）　$\frac{1}{16}$

・死亡した兄弟姉妹が受けるはずだった分が代襲相続人の相続分
・複数人いる場合は、頭数で均等分する

31

6

相続手続きに必要な 戸籍謄本の取得

● 用語解説

戸籍の改製
戸籍の様式を法令の改正により新しい様式に改めること。また、戸籍の改製により消除された戸籍のことを改製原戸籍と言う。

● アドバイス
被相続人の本籍がわからず戸籍謄本が取れない場合は、被相続人の住民票除票を本籍入りで取得してください。本籍と筆頭者がわかるので、その情報を使って戸籍謄本を請求できます。

● アドバイス
本籍のある市区町村役場で戸籍の附票を取ると、住民票上の住所がわかります。連絡先がわからない相続人がいた場合、戸籍の附票で住民票上の住所は確認できます。

戸籍謄本で相続人を証明する

　不動産や預貯金の相続手続きをするには、被相続人が亡くなったことと、相続人が誰であるのかを戸籍謄本を取って証明する必要があります。

　戸籍は婚姻、転籍、**戸籍の改製**によって次々と新たにつくられます。新しい戸籍には前の戸籍の情報が載らないことがあるため、被相続人の出生から死亡までのすべての戸籍謄本（昔の戸籍は除籍謄本、改製原戸籍謄本などと呼ぶ）を取らないと、被相続人の子が何人いるのか証明できません。

　したがって、原則的には、被相続人の出生から死亡までの一連の戸籍謄本が必要となります。また、相続人全員の現在の戸籍謄本も必要です。

　なお、上記は血族相続人が子の場合に必要な戸籍謄本の説明です。さらに多くの戸籍謄本が必要になるケースは右ページを参照してください。

役場での戸籍謄本の取得方法

　被相続人の戸籍謄本を集める場合、本籍のある市区町村役場で「相続手続きに使うから亡くなった人の出生から死亡までのすべての戸籍謄本がほしい」と伝えると、その役場にある戸籍謄本をすべて出してくれます。ただし、転籍などによって別の市区町村から本籍を移している場合、従前の

Point
- 相続手続きには被相続人の出生から死亡までの一連の戸籍謄本が必要となる
- 戸籍謄本は郵送で取得することもできる

戸籍謄本は移転前の本籍地の市区町村役場で取得することになります。

　戸籍謄本は郵送で請求することもできます。具体的な請求方法は各役場のウェブサイトに掲載されているので、確認してみましょう。

◆アドバイス
2024年3月1日から、遠方の本籍地の戸籍謄本でも最寄りの市区町村役場で取得できるようになります。自分の戸籍のほか、配偶者、親、祖父母、子、孫の戸籍謄本も取得できるようになります。

☑ さらに多くの戸籍謄本が必要となるケース

①	子が死亡しているケース	・被相続人の子（およびその代襲相続人）が死亡している場合、その子（およびその代襲相続人）の出生から死亡までの一連の戸籍謄本を取得する
②	直系尊属が相続人となるケース	・被相続人の直系卑属で死亡した人がいる場合、①記載の戸籍謄本を取得する ・死亡している直系尊属（相続人となる直系尊属と同じ代および下の代に限る）がいる場合は、死亡していることがわかる戸籍謄本を取得する
③	兄弟姉妹が相続人となるケースまたは配偶者のみが相続人となるケース	・被相続人の直系卑属で死亡した人がいる場合、①記載の戸籍謄本を取得する ・被相続人の直系尊属が全員死亡していることがわかる戸籍謄本を取得する。さらに被相続人の兄弟姉妹が誰かを証明するために、被相続人の父母の出生から死亡までの一連の戸籍謄本を取得する ・兄弟姉妹を被代襲者とする代襲相続が発生している場合は、被代襲者の出生から死亡までの一連の戸籍謄本を取得する ・代襲相続人になるはずだった甥姪が死亡している場合は、死亡していることがわかる戸籍謄本を取得する
④	被相続人の死亡後に死亡した相続人がいるケース	・死亡した相続人の相続人が誰かを証明できる戸籍謄本が必要となる

7 法定相続情報証明制度の活用

○ 用語解説

法定相続情報一覧図

戸籍に基づき、被相続人の法定相続人の相続関係を一覧にした図。

○ アドバイス

法定相続情報一覧図の写しの取得は、司法書士、弁護士、土地家屋調査士、税理士、社会保険労務士、弁理士、海事代理士、行政書士に依頼することもできます。取得のために必要な戸籍謄本も、これらの士業が集めることができます。

戸籍謄本の使い回しができる

相続関係を証明する戸籍謄本一式は、不動産と預貯金の相続手続きで使い回しすることができます。不動産の相続登記(名義変更)の場合、原本還付という手続きを取っておくことにより、登記完了後に法務局が戸籍謄本一式を返してくれます。

また、銀行での預貯金の相続手続きでも、戸籍謄本一式を提出すると、コピーを取って原本を返してくれるところがほとんどです。したがって、戸籍謄本一式は1セットあれば、不動産と預貯金の手続きに使い回しできます。しかし、法務局や銀行から原本が戻ってくるまで時間がかかり、提出先が複数ある場合は順番に提出していくことになるので、その分、時間を要します。

法定相続情報一覧図の写しが戸籍謄本一式の代わりになる

法務局に相続関係を証明する戸籍謄本一式を提出して、**法定相続情報一覧図**の写しという証明書を取得することができます。一覧図の写しは、相続関係を証明する戸籍謄本一式の代わりとして、相続登記、預貯金等の相続手続き、相続税申告などに使えます。一覧図の写しを複数取っておけば、複数の相続手続きを同時並行で進められます。

Point
● 不動産や預貯金の相続手続きの戸籍謄本は使い回しできる
● 法務局で法定相続情報一覧図の写しを取ると、相続手続き
　で戸籍謄本一式の代わりとして使える

　ただし、一覧図の写しはあくまで戸籍謄本一式の代わりです。

　相続手続きに遺産分割協議書や相続人の印鑑証明書が必要な場合は、それらの書類も複数セットで用意しないと、同時並行で手続きを進められません。

☑ 法定相続情報一覧図の写しの活用

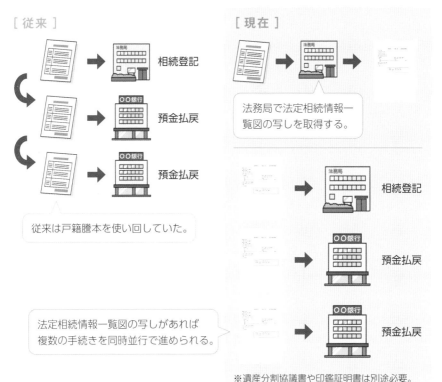

[従来]

相続登記

預金払戻

預金払戻

従来は戸籍謄本を使い回していた。

[現在]

法務局で法定相続情報一覧図の写しを取得する。

相続登記

預金払戻

預金払戻

法定相続情報一覧図の写しがあれば
複数の手続きを同時並行で進められる。

※遺産分割協議書や印鑑証明書は別途必要。

特別受益と寄与分

●用語解説
遺贈
遺言により、人に財産
を無償で譲ること。

特別受益者
被相続人から遺贈を受
けたり、婚姻・養子縁
組や独立にあたって被
相続人から贈与を受け
た（特別受益）りした
相続人のこと。

寄与分
被相続人の財産の維持
や増加に特別の貢献を
した相続人に対し、そ
の貢献の度合いに応じ
た相続分を上乗せする
しくみ。

●アドバイス
相続開始から10年を
経過した後にする遺産
分割については、特別
受益や寄与分を考慮で
きません。長期間放置
された後の遺産分割で
は証拠書類もなくなっ
ていて、特別受益や寄
与分の算定が難しいた
め、このように法改正
がなされました（2023
年4月1日施行）。

遺贈や贈与は特別受益で相続分を修正

　相続人の中に、被相続人から**遺贈**（遺言による
財産の無償譲渡）を受けたり、生前贈与を受けた
りした人（**特別受益者**）がいた場合、ほかの相続人
からすれば不公平になります。そこで生前贈与等
（特別受益）を考慮して相続分を修正します。

　特別受益にあたるものは、被相続人からの遺贈、
婚姻や養子縁組のための贈与（持参金、支度金等）、
生計の資本のための贈与（住宅用不動産の贈与、
住宅購入資金の贈与、営業資金の贈与）などです。
特別受益があった場合の相続分は右ページの式で
算出することができます。

「特別な貢献」は寄与分で相続分を修正

　相続人の中に、被相続人の財産の維持または増
加に特別の貢献（寄与）をした人がいた場合、遺産
分割において、そのことを考慮しないと不公平に
なります。そこでその貢献（**寄与分**）を考慮して相
続分を修正します。特別の寄与にあたるものは、
被相続人の事業に無償で従事していたこと、被相
続人の事業に資金援助したこと、被相続人の療養
看護に通常期待される程度を超えて従事していた
ことなどです。寄与分があった場合の相続分も右
ページの式で算出することができます。

Point
- 特別受益にあたる贈与等を受けた相続人は相続分が減る
- 財産の維持・増加に貢献した相続人の相続分は増える
- 相続人でない親族も特別寄与料がもらえる可能性がある

☑ 特別受益者がいる・寄与分がある場合の相続分の算出式

●特別受益者がいる場合の相続分の算出式

| 特別受益のある相続人 | (遺産＋特別受益)×法定相続分＊－特別受益 |

| 特別受益のない相続人 | (遺産＋特別受益)×法定相続分＊ |

●寄与分がある場合の相続分の算出式

| 寄与分のある相続人 | (遺産－寄与分)×法定相続分＊＋寄与分 |

| 寄与分のない相続人 | (遺産－寄与分)×法定相続分＊ |

※遺言による相続分の指定がある場合は、その割合となる。

特別受益や寄与分については、その評価方法をめぐって相続人同士で争いになることがあります。生前に一部の家族にだけ贈与していたり、療養看護を一部の家族ががんばってくれていたりする場合は、それらを踏まえた遺言書の作成を検討しましょう。

特別寄与料制度

相続人でない被相続人の親族が無償で被相続人の療養看護等をしたことにより、被相続人の財産の維持・増加に特別の貢献（寄与）をした場合に、その貢献をした親族（特別寄与者）は相続人に対して貢献に応じた金銭（特別寄与料）を請求することができます。たとえば、被相続人の長男が被相続人より先に亡くなっていて、長男の妻が被相続人の療養看護をしていたとします。しかし、長男の妻は被相続人の相続人ではありませんから、被相続人が亡くなっても、遺産を相続することはできません。これでは不公平になるので、長男の妻が相続人に対して特別寄与料を請求できるように法改正がなされました（2019年7月1日施行）。ただし、特別寄与料の金額等をめぐって争いになる可能性もあるので、介護等に貢献した相続権のない親族がいる場合は、財産を遺贈する遺言書をつくっておいたほうが確実です。

第 1 章　相続の基本としくみ

9 遺産の分け方を話し合う

● アドバイス
遺産分割協議において、ある相続人が全く財産を取得しない分け方も、相続人全員で合意すれば可能です。ただし、被相続人の債務があった場合、遺産を受け取っていない相続人にも、債権者から法定相続分の割合で弁済を請求される可能性があります。債務を相続したくない場合は家庭裁判所での相続放棄を検討しましょう。

● アドバイス
子が全員相続放棄した場合、被相続人の直系尊属または兄弟姉妹に相続権が発生します。

● アドバイス
不動産を共有で相続するのは、なるべく避けましょう。ある程度の期間で売ってしまうならよいのですが、2代、3代と相続を繰り返して孫やひ孫の代になると、面識のない人同士で1つの不動産を共有している状態になります。また、相続を繰り返すことで共有者が

相続人全員で遺産分割を話し合う

相続人が複数の場合、相続が始まると相続財産は相続人が共有している（共同で持っている）状態となります。相続人全員が話し合って遺産の分け方を決めることを遺産分割協議と言いますが、これにより相続財産を各相続人の単独所有にできます。遺産全部の分け方を一度に決めることを全部分割、遺産の一部の分け方だけを決めることを一部分割と言います。

遺産分割の4つの方法

遺産分割の方法には「現物分割」「代償分割」「換価分割」「共有分割」の4つがあります。

現物分割は、各相続人が個別に財産を取得する方法です。たとえば、不動産は妻、A銀行の預金は長男、B銀行の預金は長女が取得するというような分け方です。代償分割は、ある相続人が現物の財産を取得する代わりに、その相続人がほかの相続人にお金（代償金）を払って調整する方法です。たとえば、妻が不動産を取得する代わりに、代償金として妻から長男と長女に100万円ずつ支払うというような分け方です。

換価分割は、遺産を売却・換価して、お金を各相続人に分配する分け方です。また、共有分割は、

遺産を共有（共同）で取得する方法です。たとえば、不動産を長男と長女が持分2分の1ずつの共有で取得するといったような分け方です。

10人、20人と増えて、収拾がつかなくなるおそれがあります。

☑ 遺産分割の4つの方法

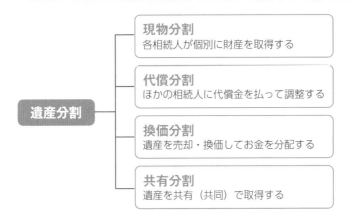

```
                 ┌─ 現物分割
                 │   各相続人が個別に財産を取得する
                 │
                 ├─ 代償分割
                 │   ほかの相続人に代償金を払って調整する
      遺産分割 ──┤
                 ├─ 換価分割
                 │   遺産を売却・換価してお金を分配する
                 │
                 └─ 共有分割
                     遺産を共有（共同）で取得する
```

遺産分割協議がまとまらないとき

遺産分割協議がまとまらなかったり、できなかったりするときは、不動産や預貯金の相続手続きが進みません。その状態で、相続の手続きを進めたいのであれば、通常、家庭裁判所に遺産分割調停を申立てます。調停は調停委員などが間に入って、相続人同士の意見の調整や助言が行われます。相続人同士で合意できれば、調停調書が作成され、これを使って相続手続きができます。調停で合意ができなかった場合、自動的に審判手続きとなり、裁判官が一切の事情を考慮して、遺産の分け方を決めます。調停や審判手続きにならないように、将来、遺産分割協議がまとまらなかったり、できないことが予想されたりする場合は、生前に遺言書をつくっておいたほうがよいでしょう。

遺産分割協議書の作成

●アドバイス
遺産分割協議書は相続人の人数分同じものを作成し、1人1通ずつ持っていたほうがよいでしょう。

●アドバイス
相続人に認知症等で判断能力が低下して遺産分割の話し合いができない人がいる場合、家庭裁判所で成年後見人等を選任しないと遺産分割協議ができません。また、相続人に未成年者がいて、その親権者も相続人であった場合、家庭裁判所で特別代理人を選任しないと遺産分割協議ができません。

不動産は法務局で登記事項証明書（登記簿謄本）を取って正確に記載。間違えると相続登記が通らない可能性がある。

預貯金は金融機関名、支店名、預金科目、口座番号で特定する。残高は書かない。

遺産分割協議書作成のポイント

遺産分割協議書を作成する際は、押さえておくべきポイントがいくつかあります。以下の遺産分割協議書の文例で確認しましょう。

☑ 遺産分割協議書の文例

遺産分割協議書

被相続人　　　川越一郎 ← 被相続人を氏名、生年月日、死亡年月日、本籍などで特定する。
生年月日　　　昭和○年○月○日
死亡年月日　　令和○年○月○日
本籍　　　　　埼玉県東松山市○○○○

上記被相続人川越一郎の死亡により開始した相続における共同相続人全員は、被相続人の遺産を協議により以下のとおり分割する。

1. 次の不動産は川越春子が相続する。
   所　　　在　　東松山市○○○○
   地　　　番　　○番○
   地　　　目　　宅地
   地　　　積　　150・00㎡

   所　　　在　　東松山市○○○○　　○番地○
   家 屋 番 号　　○番○
   種　　　類　　居宅
   構　　　造　　木造かわらぶき2階建
   床 面 積　　1階　60・00㎡
   　　　　　　　2階　60・00㎡

   代償金で調整する書き方。

2. 川越春子は1. 記載の財産を相続する代償として、川越夏郎と川越秋子に対して、金100万円ずつ支払う。

3. 次の預金は川越夏郎が相続する。
   ○○銀行　○○支店　普通預金　口座番号 XXXXXXX

Point

● 遺産分割協議書には相続人全員の実印を押印して印鑑証明書を添付する
● 不動産や預貯金を特定する場合は正確に記載する

4．次の貯金は、川越秋子が相続する。

ゆうちょ銀行　通常貯金　記号番号 XXXXX-XXXXXXX

5．相続人全員は、本協議書に記載する以外の遺産を、川越春子が取得することに同意した。

上記のとおりの協議が成立したので、この協議の成立を証明するために本協議書を作成する。

令和○年○月○日

埼玉県東松山市○○○○
川越春子　㊞

埼玉県東松山市○○○○
川越夏郎　㊞

埼玉県東松山市○○○○
川越秋子　㊞

漏れていた財産を取得する人を決める書き方。このような記載がなかった場合、新たな財産が見つかったら、その財産について改めて遺産分割協議をすることになる。

相続人全員が署名して、実印を押印する。遺産分割協議書を使って不動産や預貯金の相続手続きをする場合、相続人全員の印鑑証明書を添付する必要がある。

◆ アドバイス

相続人に行方不明の人がいる場合、家庭裁判所で不在者財産管理人を選任しないと遺産分割協議ができません。なお、不在者の生死が7年間不明な場合は、失踪宣告の申立てをすることも考えられます。失踪宣告がされると7年間が満了したときに法律上死亡したものとみなされます。

第 1 章　相続の基本としくみ

Q 遺産分割協議書が複数ページになったらどうするの？

A 遺産分割協議書が複数ページになった場合はホチキスでとめて、各ページの継目にかかるように相続人全員の実印で契印※を押しましょう。

ホチキスでとめる

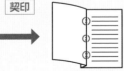

契印

ページの継目に相続人全員の実印を押印

※契印は書類の連続性を示す。似た言葉である割印は複数の文書にまたがって押印することを指す。

41

11 不動産・預貯金の 相続手続き

● アドバイス
2024年4月1日から不動産の相続登記が義務化されます。相続によって不動産を取得した相続人は、その所有権の取得を知った日から3年以内に相続登記の申請が必要です。また、遺産分割の話し合いがまとまった場合、不動産を取得した相続人は、遺産分割が成立した日から3年以内に、その内容を踏まえた登記を申請しなければなりません。

● アドバイス
遺産分割前でも各相続人は一定額なら預貯金の払戻しが単独でできます。その額は相続開始時の預金額の3分の1に払戻しをする相続人の法定相続分を掛けた額となります。ただし1金融機関あたり150万円が上限です。

不動産の相続登記（名義変更）

遺言書がない場合、相続関係を証明する戸籍謄本一式(ケースによって住民票も必要)、遺産分割協議書、相続人全員の印鑑証明書などを使って不動産や預貯金の相続手続きをします。

不動産の相続登記は法務局で申請します。法務局のホームページに登記申請書の記載例が載っているので、それを参考に自分で書類をつくるか、司法書士に依頼することもできます。

預貯金や上場株式の相続手続き

預貯金の相続手続きは、通帳の表紙の裏などに支店の電話番号が載っているので、電話で「預金の名義人が亡くなったので相続手続きをしたい」と伝えましょう。郵送で手続きできる銀行と、店舗に行かなければならない銀行があるので、その点も電話で確認しましょう。店舗に行かなければならない場合は、予約が必要かも確認します。基本的には、金融機関の指示通りに所定の用紙に記入したり、必要書類を提出したりすれば手続きができます。

上場株式は証券会社や信託銀行などで管理していますので、管理先に電話し、「株式を持っている人が亡くなったので相続手続きをしたい」と伝え

- 遺言書がない場合は、遺産分割協議書、相続人全員の印鑑証明書、戸籍謄本を使って相続手続きをする
- 相続登記は法務局で申請し、預貯金は銀行で手続きする

ましょう。上場株式を相続するには、相続人名義の口座に株式を移す必要があります。株式を売却する場合でも、一度、相続人名義の口座に移さなければなりません。そのため口座がない場合は、新たに開設しましょう。証券会社などの指示に従い、所定の用紙に記入したり、必要書類を提出したりしてください。

▼ 不動産や預貯金の相続手続き

[不動産]
・法務局で相続登記を申請する
・自分で書類を作成するか、司法書士に依頼する

[預貯金や上場株式]
・金融機関や証券会社の指示に従って手続きを進める
・書類に記入したり、必要書類を提出したりする
・上場株式の相続は、相続人名義の口座が必要になる

遺言書がない場合は、相続関係を証明する戸籍謄本一式、相続人全員の実印を押印した遺産分割協議書、相続人全員の印鑑証明書を各財産の相続手続きの際に提出します。

 Q 相続手続きに使う印鑑証明書に有効期限はあるの?

 A 不動産の相続登記に使う目的で遺産分割協議書に付ける印鑑証明書に有効期限はありません。ただし、預貯金の相続手続きなどで金融機関に印鑑証明書を提出する場合、3カ月以内や6カ月以内などと、有効期限について金融機関ごとの独自ルールがあるため、注意が必要です。

12 亡くなった人に借金があるケース

相続放棄申述書
相続放棄を認めてもらうために家庭裁判所に提出する申立書類。

● アドバイス

被相続人の子が全員相続放棄すると、第2順位の直系尊属が相続人となります。第2順位の相続人が全員死亡していたり、相続放棄したりした場合は、第3順位の兄弟姉妹が相続人となります。

● アドバイス

相続放棄は「自己のために相続の開始があったことを知った時」から3カ月以内にしなければなりませんが、期間を延ばしたい場合は、当初の3カ月の間であれば、家庭裁判所に「相続の承認又は放棄の期間の伸長の申立書」を提出できます。ただし、延ばせるかどうかは裁判所の判断となります。

相続放棄するなら3カ月以内に行う

相続人は被相続人の債務も相続します。

プラスの財産よりマイナスの財産のほうが多いなら、家庭裁判所で相続放棄をしたほうがよいかもしれません。

相続放棄をした場合は、初めから相続人にならなかったものとみなされるので、債務も相続しませんし、プラスの財産も相続しません。

相続放棄をする場合は、「自己のために相続の開始があったことを知った時」から3カ月以内に**相続放棄申述書**を家庭裁判所に提出します。

「自己のために相続の開始があったことを知った時」とは、被相続人が亡くなったことを知り、そのために自分が相続人となったことを認識したときを指します。

では、被相続人に全く相続財産がないと思っていたところ、3カ月を過ぎてから被相続人の借金の請求が来た場合はどうでしょうか。

この場合、事情によっては借金の請求が来てから3カ月以内なら相続放棄ができる可能性があるため至急、専門家に相談しましょう(相続放棄は弁護士に依頼したり、司法書士に書類の作成を依頼したりできる)。

なお、債権者からの請求の手紙は封筒も含めて保管しておきましょう。

Point

● 借金を相続したくない場合は3カ月以内に家庭裁判所で
相続放棄をする
● 相続放棄するなら相続財産を処分してはいけない

相続放棄するならやってはいけないこと

　相続財産を処分してしまうと相続を認めたことになり、相続放棄ができなくなります。ある行為が処分に該当するかどうか不安な場合は、やらないほうが安全でしょう。たとえば相続財産から葬儀費用を出すと、不相当に高額な場合は、処分と判断される可能性があります。

　また相続放棄をした後も、相続財産を隠したり、自分勝手に処分したりしてはいけません。

◯ アドバイス
遺産分割協議で全く遺産をもらわないことを遺産放棄と呼びます。この場合、被相続人の債務について法定相続分の割合で債権者から請求される可能性があります。債務を相続したくない場合は、家庭裁判所で相続放棄の手続きをしましょう。

第1章 相続の基本としくみ

☑ 相続放棄は3カ月以内

プラスの財産

マイナスの財産

相続放棄を検討しましょう。

「自己のために相続の開始があったことを知った時」から
3カ月以内

プラスの財産　　＜　　マイナスの財産

限定承認

承継したマイナスの財産について、承継したプラスの財産の範囲内でしか責任を負わない相続手続きを、限定承認と言います。この手続きなら、相続財産を超えた債務については払わなくて済みます。限定承認をする場合は、「自己のために相続の開始があったことを知った時」から3カ月以内に家庭裁判所に限定承認申述書や相続財産目録を提出します。相続人が複数の場合は、相続人全員が共同で手続きしなければなりません。また、限定承認の手続きは非常に面倒なので、弁護士に依頼したほうがよいでしょう。

45

相続税の申告が
必要かどうか確認する

● 用語解説

暦年贈与

1年間に受けた贈与額が110万円以下の場合、贈与税が発生しないしくみを利用した贈与方法。ただし、相続開始前3年以内（2031年からは7年以内）の暦年贈与は相続税の課税対象となる点に注意が必要。

● アドバイス

相続税の基礎控除額を計算するときの法定相続人の数には相続放棄した人も含めます。また、法定相続人に含める養子の数は、実子がいるときは1人まで、実子がいないときは2人までです。

● アドバイス

死亡保険金の非課税枠は500万円に法定相続人の数を掛けた金額です。死亡退職金の非課税枠は500万円に法定相続人の数を掛けた金額となります。

基礎控除額を超えている場合は
10カ月以内に申告する

　相続税が課税される財産から債務や葬式費用を引いた額を正味の遺産額と言います。正味の遺産額が相続税の基礎控除額を超えている場合、相続の開始があったことを知った日（通常、被相続人が亡くなった日）の翌日から、10カ月以内に相続税の申告と納税が必要です。相続税の基礎控除額は「3000万円＋（600万円×法定相続人の数）」の式で計算します。

　法定相続人が1人なら基礎控除額は3600万円、2人なら4200万円、3人なら4800万円と、法定相続人が1人増えるごとに600万円ずつ増えていきます。

　正味の遺産額が相続税の基礎控除額を超えていそうなら税理士に相談したほうがよいでしょう。

相続税が課税される財産

　不動産、有価証券、預貯金、現金など被相続人の持っていた財産のほか、死亡保険金（保険料を被相続人が負担していたもの）や死亡退職金も非課税枠を超えた部分が相続税の課税対象です。相続時精算課税制度を使って生前贈与していた場合は、その贈与財産も課税対象として加えます。

● 相続税の基礎控除額を超えている場合、10カ月以内に相続税の申告と納税が必要となる
● 基礎控除額＝3000万円＋（600万円×法定相続人の数）

また、相続開始前の3年以内の**暦年贈与**も課税対象です。ただし、この「3年以内」という期間は2027年1月以降、段階的に延びていき、2031年に「7年以内」となります。2031年以降は、相続開始前7年以内の暦年贈与が相続税の課税対象となります。

●アドバイス
3年から7年に延長した4年分の贈与は相続税の課税対象ですが、総額100万円の控除があります。

▽ 相続税の基礎控除額

3000万円＋（600万円×法定相続人の数）

※法定相続人が1人増えるごとに600万円ずつ増えていく。

相続税の申告期限までに申告と納税を行わなかった場合、原則として、加算税や延滞税がかかります。申告準備には時間がかかりますので、早めに税理士に相談したほうがよいでしょう。

相続時精算課税制度

相続時精算課税制度を使うと、60歳以上の親や祖父母から18歳以上の子や孫が贈与を受けるときに、最大2500万円までの贈与については贈与税を払わなくてよくなります。ただし、贈与者が亡くなったときに、この制度を使って贈与した分が相続税の課税対象になります。なお、この制度を使った場合、2500万円とは別枠で年間110万円の基礎控除があります。しかも、これを利用した年間110万円までの贈与部分については、将来、相続税の課税対象になりません。相続税対策に活用できる制度と言えます。この制度を使う場合は、相続時精算課税選択届出書を税務署に提出する必要がありますので、税理士に依頼したほうが確実です。

14 配偶者の税額軽減

配偶者は相続税の負担が軽くなる

　被相続人の配偶者は、1億6000万円か法定相続分のどちらか多い額までは財産を相続しても相続税がかかりません。ただし、この軽減措置を使うためには、申告期限までに遺産分割をして相続税申告をする必要があります。

二次相続も考えて配偶者が相続する財産を決める

　1億6000万円まで財産を相続しても相続税がかからないからといって、配偶者にたくさん相続させると、その後、配偶者が亡くなったときに相続税が多くかかることがあります。たとえば、夫、妻、長男、長女の4人家族がいたとします。夫が亡くなった場合、相続人は3人なので、相続税の基礎控除額(P.47参照)は4800万円です。その後、妻が亡くなった場合、相続人は長男と長女の2人になるので、相続税の基礎控除額が4200万円に減ります。また、夫の相続財産を妻が相続した場合、妻の相続(**二次相続**)の際には、妻自身がもとから持っていた財産も加わり、相続税の課税対象となる財産が増える可能性があります。相続税の税率は遺産の額に連動して上がるため、二次相続時の相続税が割高になるかもしれません。

Point
● 配偶者には1億6000万円の非課税制度がある
● 配偶者の税額軽減を使うには、申告期限までに遺産分割協議をまとめて相続税申告をする

☑ 特例適用を検討する際は税理士に相談する

配偶者の
税額軽減

（1億6000万円または
法定相続分の多い額）

小規模宅地等の
特例

（P.50 参照）

➡ トータルでの税額を考えて、一次相続でどのくらい配偶者に相続させるか検討しましょう。計算が煩雑になったり、手間がかかったりするため、実際に遺産の分け方を決める際は、税理士に相談したほうがよいでしょう。

更正の請求による特例適用

配偶者の税額軽減や、P.50で説明する小規模宅地等の特例を適用したいが、申告期限までに遺産分割が間に合わなかった場合は、法定相続分で相続したとして申告し、その際に「申告期限後3年以内の分割見込書」を提出しておきます。そのうえで、申告期限後3年以内に遺産分割がまとまれば、更正の請求をすることにより特例適用の対象となります。更正の請求は遺産分割成立の日の翌日から4カ月以内に行います。

15 小規模宅地等の特例

土地の評価を最大8割引きにする特例

　亡くなる直前まで、被相続人の居住用または事業用だった土地の相続税の課税価格を80%または50%減額できる制度が**小規模宅地等の特例**です。被相続人の自宅の敷地については、以下の①〜③の人が取得した場合は、330㎡までの部分を80%減額できます。

①被相続人の配偶者
②被相続人と同居していた親族。ただし、申告期限まで土地を持ち続け、建物に住み続けていること
③上記の①と②の法定相続人がいない場合で、被相続人と別居していた親族が取得し、申告期限まで土地を持ち続けていること。そして、その親族は3年以上賃貸住宅に住んでいること（相続開始前3年以内に日本国内にある自分、配偶者、3親等内の親族、特別の関係のある法人が所有する家屋に住んでいたことがないこと。相続開始時に、自分が居住している家屋を過去に所有していたことがないこと）

被相続人の居住用だった土地の相続税評価額が1000万円なら小規模宅地等の特例を使うと200万円として相続税を計算できます。

Point
- 被相続人の自宅の土地の評価を最大8割引きにできる
- 小規模宅地等の特例を使うには、申告期限までに遺産分割協議をまとめて相続税の申告をする

事業用の土地の場合

　商売用の土地（賃貸用の土地を除く）については、親族が取得した場合は、400㎡までの部分を80%減額できます。ただし、土地を取得した親族は申告期限まで土地を持ち続け、事業を続けている必要があります。

　賃貸用の土地については、親族が取得した場合は、200㎡までの部分を50%減額できます。ただし、土地を取得した親族は申告期限まで土地を持ち続け、事業を続けている必要があります。

遺言書をつくる際も、将来において相続税申告が必要となりそうな場合は、小規模宅地等の特例も考慮して遺言内容を考えましょう。誰に土地を相続させるかによって、特例が使えるか否かが変わってきます。

小規模宅地等の特例を使って計算すると相続税の基礎控除額を下回るけど、この場合でも相続税申告は必要なの?

A　小規模宅地等の特例を使うためには、申告期限までに遺産分割をして相続税申告をする必要があります。特例を使うと相続税が発生しない場合でも、申告自体は必要なので注意が必要です。なお、小規模宅地等の特例の要件は非常に複雑なので、実際に適用できるかどうかは税理士に確認しましょう。

Column 1

相続税の申告の要否を調べる

　相続税の申告が必要か確認する場合は、国税庁のウェブサイトを活用しましょう。

　国税庁のサイトに『相続税の申告要否判定コーナー』というページがあります。このサイトに相続財産の金額などを入力することによって、相続税の申告が必要かどうか、おおよその判定をすることができるのです。

　まずサイト上で、法定相続人の数を入力すると相続税の基礎控除額を自動計算してくれます。配偶者や子どもの有無についてなどの質問に、答えを入力していきましょう。

　次に相続財産等を入力します。

　相続財産の評価方法として、土地は場所によって、路線価方式か倍率方式で計算するのですが、この説明もサイト上に掲載されています。説明を読みながら数値を入力すれば自動計算してくれるので、非常に便利です。

　そのほかに必要な情報として、建物、有価証券、現金、預貯金、債務、葬式費用などの金額を入力していきます。相続財産等の入力が完了すると、相続税申告の要否について、おおよその判定が出ます。

　また税額の計算も行ってくれます。

　小規模宅地等の特例適用の有無や、各相続人の取得する財産の金額を入力すると、おおよその相続税の総額を自動計算してくれるでしょう。

　ただし、一部、計算が簡略化されているため正確な税額ではありません。目安として参考にしてください。判定の結果、申告が必要そうな場合は、税理士に相談しましょう。

第 **2** 章

遺言書の基本

遺言書にはさまざまな方式が存在し、
それぞれにメリットやデメリットがあります。
まずは遺言書の種類や必要となるケース、
適切な遺言のために知っておくべきことなどを学び、
遺言書に対する理解を深めましょう。

遺言書の必要性

アドバイス
15歳以上の人は遺言
をすることができます。

アドバイス
遺言をする人には遺言
能力が必要とされます。
遺言能力とは、遺言の
内容とその結果を理解
できる能力です。認知
症等で判断能力が低下
し、遺言の内容等を理
解できなくなると、有
効な遺言をすることが
できません。仮に遺言
書をつくれたとしても、
後で有効・無効をめぐ
り相続人同士の争いに
なるかもしれません。

アドバイス
遺言書は何回でもつく
り直すことができるの
で、まずは作成してみ
て、事情が変わったら
つくり直すということ
も考えられます。

遺産分割がまとまらないと相続手続きができない

　第1章のポイントは、遺言書がない場合、相続人全員で遺産分割の話し合いをして、それがまとまらないと不動産や預貯金の相続手続きができないということでした。相続手続きをするには、遺産分割協議書に相続人全員の実印を押印して印鑑証明書を添付する必要があるからです。

　逆に、被相続人が生前に遺言書をつくっていた場合、遺言書を使って相続手続きができるため、遺産分割協議書をつくって相続人全員が実印を押印する必要はありません。

　したがって、将来、相続が始まった後、相続人全員での遺産分割協議がまとまらないことや、遺産分割協議自体ができないことが予想される場合は遺言書をつくる必要性が高いと言えます。

遺言書を作成したほうがよいケース

　遺産分割がまとまらないケースで考えられるのは、相続人同士の仲が悪かったり、相続人の人数が多かったりする場合などです。また、面識のない相続人がいる場合も遺産分割協議が難航する可能性があります。

　遺産分割協議自体ができないケースで考えられ

るのは、相続人に認知症の人、未成年者、行方不明の人などがいる場合。これらのケースでは家庭裁判所での手続きが必要になるかもしれません。

　なお、積極的に遺産の分け方を決めておきたいときや、内縁の配偶者など相続人でない人に財産を渡したいときも遺言書をつくっておきましょう。

▽ 遺言書を作成しておきたいケース

ケース	懸念事項や検討課題
子どものいない夫婦	・被相続人に子がいない場合、被相続人の親や兄弟姉妹が相続人に入ってくる ・遺された配偶者は被相続人の親や兄弟姉妹と遺産分割協議をしなければならない
前婚のときの子がいる	・被相続人が過去に離婚していて前婚のときの子がいる場合、その人も相続人なので連絡先がわからないと困る可能性がある ・子の立場からすれば、親の再婚相手や異父兄弟・異母兄弟と遺産分割の話し合いをすることになる
認知症、未成年者、行方不明の相続人がいる	・家庭裁判所で成年後見人、特別代理人、不在者財産管理人などを選任しないと遺産分割協議ができない可能性がある
相続人同士の仲が悪い	・遺産分割協議がまとまらないと、遺産分割調停や審判が必要になる可能性がある
相続人の人数が多い	・兄弟姉妹や甥姪が相続人になるケースでは、相続人の数が非常に多くなる場合がある
相続人でない人に財産を渡したい	・内縁の配偶者などは相続人ではないので、遺産を渡したい場合は遺言書をつくっておく ・相続人がいない場合も、遺言書をつくらないと遺産が国のものになる可能性がある
主な財産が自宅不動産のみである	・自宅に住む相続人がいる場合、ほかの相続人から「不動産を売って、そのお金を分配しよう」と言われると分配方法に困る
相続人の間で不公平感がある	・一部の相続人にだけ生前贈与をしていたり、一部の相続人だけが介護等をがんばっていたりする場合、遺産分割でもめる可能性がある

遺言書でできること

実際の遺言書の書
き方は第3章と第
4章で解説します。

法的に効力のあるもの

　遺言書に記載して効力のある内容を、**法定遺言
事項**と言います。法定遺言事項は、①「相続に関
すること」、②「遺産の処分に関すること」、③「身
分に関すること」、④「遺言執行に関すること」の
4つに大別できます。

　まず①の「相続に関すること」として、遺産分割
方法の指定があります。遺言書によって各相続人
にどの財産を相続させるか決めることができます。
また、法定相続分と異なる相続分を遺言書で決め
ることもできます。仏壇、位牌、墓などの祭祀財
産を受け継ぐ人を指定することも可能です。

　②の「遺産の処分に関すること」として、遺言に
より財産を無償で与えることができます。これを
遺贈と言いますが、主に相続人以外に財産を渡し
たいときに使われます。

　③の「身分に関すること」として代表的なものは、
婚姻外の子の**認知**です。認知とは、結婚していな
い男女の間の子を父親が自分の子であると認める
ことです。認知された子は相続人となります。

　最後に④の「遺言執行に関すること」として、**遺
言執行者**の指定があります。相続手続きにおいて
相続人全員の協力が必要になるケースがあります
が、このとき、遺言執行者がいると相続手続きが
スムーズになります。

●遺言書には何を書いても自由だが、遺言として効力がある
　内容は法律で決まっている
●付言事項に法的効力はないが最後のメッセージを残せる

法的に効力のないもの

　遺言書に記載しても法的な効力がない内容でも、遺言者の希望や思いを伝えるために**付言事項**として記載することができます。家族へのメッセージのほか、葬儀、臓器提供、献体などについて希望を書いたり、遺言書をつくった理由や動機を書いたりする人もいます。

🔵用語解説
付言事項
遺言書を通して、家族や世話になった人への感謝や希望、願いなどを伝える文章。遺言者からの最後のメッセージなどとも呼ばれる。ただし、法的な効力はない。

☑ 法定遺言事項

法定遺言事項	内容	参照ページ
①相続に関すること	**遺産分割方法の指定**、第三者への指定の委託	P.118〜147
	相続分の指定、第三者への指定の委託	P.177
	祭祀主宰者の指定	P.161
	特別受益の持戻しの免除	P.185
	相続人の廃除、廃除の取消	P.195
	一定期間の遺産分割の禁止	P.203
	相続人間の担保責任の軽減・加重	—
	遺留分侵害額の負担の指定	P.205
②遺産の処分に関すること	**遺贈**	P.149、151
	死亡保険金の受取人の変更	P.159
	信託	—
	一般財団法人の設立	—
③身分に関すること	**婚姻外の子の認知**	P.193
	未成年後見人、未成年後見監督人の指定	P.197
④遺言執行に関すること	**遺言執行者の指定**、第三者への指定の委託	P.137

3 遺留分

● 用語解説
遺留分
兄弟姉妹以外の法定相続人に最低限保障される遺産の取り分のこと。民法によって定められている。

遺留分権利者
遺留分を侵害された場合に、その侵害額に相当する金銭の支払いを請求できる権利を持つ、兄弟姉妹以外の相続人のこと。

遺留分とは

　遺言書によって全財産を1人の相続人に相続させたり、全財産を相続人以外に遺贈したりすることも可能です。

　しかし、全く財産をもらえなかった相続人からすれば不公平です。

　そこで、民法では一定の法定相続人に対して、一定の割合で最低限の取り分を保障しています。これを**遺留分**と言います。

遺留分の割合

　遺留分の割合ですが、原則は被相続人の財産の2分の1で、親などの直系尊属のみが相続人の場合は3分の1です。

　相続人が複数の場合は、これらに各相続人の法定相続分を掛けた割合となります。

　遺留分がある相続人は配偶者、子(およびその代襲相続人)、直系尊属です。兄弟姉妹には遺留分がありません。

　また、相続欠格または廃除により相続権を失った者にも遺留分はありません。

　遺留分がある相続人を**遺留分権利者**と言います。各遺留分権利者の遺留分の割合は、右ページの①〜③の通りです。

Point

● 兄弟姉妹以外の法定相続人には遺産の最低限の取り分が
　あり、これを「遺留分」と言う
● 遺留分の割合は原則、法定相続分の2分の1である

---

①配偶者の遺留分の割合：
　・配偶者の法定相続分×1/2
　・ただし配偶者と兄弟姉妹が相続人の場合、
　　配偶者が全体の2分の1（兄弟姉妹は遺留
　　分なし）
②子の遺留分の割合：
　・子の法定相続分×1/2
③直系尊属の遺留分の割合：
　・直系尊属の法定相続分×1/2
　・ただし直系尊属のみが相続人の場合、直系
　　尊属の法定相続分×1/3

第2章　遺言書の基本

▽ 遺留分権利者の遺留分の割合

相続人の構成	配偶者の遺留分の割合	血族相続人全体の遺留分の割合
①配偶者のみ	2分の1	—
②子のみ	—	2分の1[※1]
③直系尊属のみ	—	3分の1[※2]
④兄弟姉妹のみ	—	なし
⑤配偶者と子	4分の1	4分の1[※1]
⑥配偶者と直系尊属	3分の1	6分の1[※2]
⑦配偶者と兄弟姉妹	2分の1	なし

※1 子が複数人いる場合は頭数で均等分する。
※2 直系尊属が複数人いる場合は頭数で均等分する。

配偶者と子が相続人のときの遺留分の割合

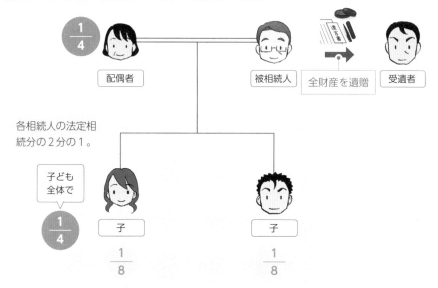

各相続人の法定相続分の2分の1。

子ども全体で

1/4

配偶者と直系尊属が相続人のときの遺留分の割合

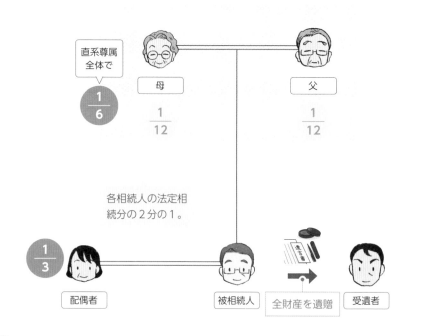

直系尊属全体で

1/6

各相続人の法定相続分の2分の1。

直系尊属のみが相続人のときの遺留分の割合

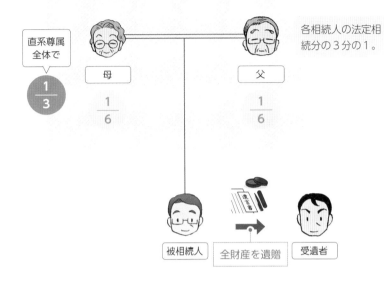

各相続人の法定相続分の3分の1。

直系尊属全体で $\dfrac{1}{3}$

母 $\dfrac{1}{6}$

父 $\dfrac{1}{6}$

被相続人　全財産を遺贈　受遺者

遺留分の割合は、配偶者のみが遺留分権利者なら配偶者の法定相続分の2分の1です。子のみが遺留分権利者なら子の法定相続分の2分の1です。

遺留分の相続開始前の放棄は家庭裁判所の許可が必要

遺留分を相続開始前に放棄するには家庭裁判所の許可が必要です。家庭裁判所は、遺留分を放棄する人の意思、放棄する理由、放棄と引き替えに受けた贈与等の有無などを考慮して許可するかどうかを判断します。なお、相続開始後であれば、遺留分は自由に放棄できます。

4 遺留分侵害額請求

○ 用語解説
遺留分侵害額請求
被相続人が財産を特定の人物に贈与または遺贈するなどして、遺留分権利者が遺留分に相当する財産を受け取ることができないなどといった不公平が生じた場合、遺留分権利者が遺留分を侵害しているほかの相続人や受贈者、受遺者に対してその侵害額に相当する金銭の支払いを請求すること。

積極財産
プラスの相続財産。遺贈の目的物も含む。

遺留分の侵害があった場合は遺留分侵害額を請求できる

遺言書等により遺留分を侵害された遺留分権利者は、遺贈を受けた人（受遺者）などに、遺留分侵害額に相当するお金の請求をすることができます。これを**遺留分侵害額請求**と言います。遺留分侵害額を計算するには、まず、遺留分を算定するための財産の価額（①）を、次の式で求めます。

遺留分を算定するための財産の価額（①）
＝相続開始時の被相続人の**積極財産**の額
　＋相続人に対する特別受益に該当する贈与※の額（原則10年以内）
　＋第三者に対する贈与の額（原則1年以内）
　−被相続人の債務の額

続けて遺留分の額（②）を次の式で求めます。

遺留分の額（②）
＝①×遺留分権利者の遺留分の割合

最後に算出した遺留分の額（②）をもとに、遺留分侵害額を右ページの式で求めます。

※婚姻・養子縁組や独立にあたって被相続人から受けた贈与（P.36 参照）。

遺留分侵害額
＝②－遺留分権利者の特別受益の額
　　－遺留分権利者が相続で得る積極財産の額
　　＋遺留分権利者が相続で負担する債務の額

　1人の相続人に対して「全財産を相続させる」旨の遺言がされたことにより、全く財産を受け取れなかった遺留分権利者は、特別受益に該当する贈与を受けたことがなければ、遺留分の額（②）が遺留分侵害額ということになります。

遺留分侵害額請求の消滅時効

　遺留分侵害額の請求権は、遺留分権利者が、相続の開始と遺留分を侵害する遺贈等があったことを「知った時」から1年間行使しない場合、時効によって消滅します。知らなかった場合でも相続開始から10年を経過すると請求権が消滅します。

遺留分侵害額の請求をするか否かは遺留分権利者の自由で、絶対にしなければならないわけではありません。

 Q 遺留分を侵害する内容の遺言書をつくれるの？

A 遺留分を侵害する内容の遺言書をつくることはできます。ただし、相続開始後、遺留分を侵害していた場合は、遺留分権利者から受遺者等に対して遺留分侵害額相当のお金の請求をされる可能性があります。

5
····

自筆証書遺言

● 用語解説
自筆証書遺言
遺言者がその全文・日付・氏名を自書し、押印することによって作成される遺言。

公正証書遺言
公正証書により作成される遺言。証人立会いのもとに公証人によって作成され、公証人が保管する。

主な遺言の種類

　遺言書にはさまざまな種類があり、よく使われるのは自分で書く**自筆証書遺言**と、公証人が関与してつくる**公正証書遺言**の2つです。このほかにも、遺言書の内容を公証人にも秘密にすることができる秘密証書遺言や、死にひんした人などができる特別方式の遺言があります。

　まずは、手軽に自分でつくることのできる自筆証書遺言から解説します。

自筆証書遺言のつくり方

　自筆証書遺言のつくり方は民法第968条第1項により、次のように定められています。

> 自筆証書によって遺言をするには、遺言者が、その全文、日付及び氏名を自書し、これに印を押さなければならない。

　ルールをまとめると次のようになります。

> ①全文を自書する　②日付を自書する
> ③氏名を自書する　④押印する

①の「全文を自書する」とは、紙に筆記用具（ボールペン、万年筆、サインペン等）を使い、遺言者が自分で手書きするということです。なお、法改正により相続財産目録はワープロやパソコンなどでつくることもできます。ただし、その場合は目録の全ページに遺言者の署名・押印が必要です。

②の「日付を自書する」は、遺言書を書いた年月日を正確に手書きすることです。和暦で書く場合は元号も記載しましょう。なお「○年○月吉日」という記載では日付が特定できず、遺言書が無効となります。

③の「氏名を自書する」は、署名するということです。戸籍の通り、正確に氏名を手書きします。

④の「押印する」については、ハンコ（印鑑）を押すことです。ハンコは認印でも実印でもどちらでもかまいません。

アドバイス

自筆証書遺言への押印は、拇印や指印でもよいとする最高裁判例があります。ただし、基本的には認印や実印で押印したほうが無難です。なお、手書きの記号である花押（かおう）では押印の要件を満たさず、遺言書を無効とした最高裁判例があります。

第2章　遺言書の基本

自筆証書遺言に実印を押す場合の効果

自筆証書遺言に押すハンコは認印でも実印でもかまいませんが、実印を押しておくと、相続開始後、本当に本人が遺言書を書いたのかどうか相続人同士の争いになった場合に証拠の１つとなり得ます。ただし、遺言者が亡くなった後は市区町村役場で印鑑証明書を取ることができませんので、生前に取っておいたほうがよいかもしれません。なお、遺言者の印鑑証明書自体は、遺言書を用いた相続手続きに使うものではありません。単に、争いになった場合に証拠の１つとなり得るというだけのものです。

6 自筆証書遺言の メリット・デメリット

● アドバイス
相続開始後の不動産の相続登記や預貯金の相続手続きにおいて、遺言書を法務局や銀行に郵送することがあります。しかし、郵便事故で遺言書が紛失する可能性も考えなければなりません。自筆証書遺言は1通しかないので、紛失してしまうと以降の相続手続きができなくなります。紛失の可能性を考えると、法務局に預けるか公正証書遺言にしたほうが望ましいでしょう。

自筆証書遺言のメリット

自筆証書遺言は、紙と筆記用具があれば遺言者がいつでも、どこでもつくれるので、手軽な遺言書であると言えます。公正証書遺言と違って、公証人の手数料がかかるわけでもありません。また、証人も必要ないので、遺言者が1人でつくることができます。

自筆証書遺言のデメリット

自筆証書遺言の最大のデメリットは、自分1人でつくれるために自己流で書いてしまい、法律の要件を満たさず無効な遺言書となってしまう可能性があることです。

また、遺言書の内容が不明瞭で実際の不動産の相続登記や預貯金の相続手続きに使えないケースも散見されます。このように、無効だったり、内容が不明瞭な遺言書であったりした場合は、結局、相続人全員の協力がないと相続手続きができないという結果になります。

自筆証書遺言は、遺言者が自分で保管しておくことになりますが、それが相続人などに発見されない可能性もあります。紛失してしまうこともあるでしょう。

さらに、遺言書を発見した人が内容を改ざんし

Point

● 自筆証書遺言は手軽につくれて費用もかからない
● 書き方を間違えて無効になったり、内容が不明瞭で相続手続きに使えなかったりする可能性がある

たり、人に見つからないように隠したりする可能性もあります。

なお、後ほど解説する公正証書遺言および法務局に保管した自筆証書遺言以外の遺言書の場合、相続開始後、家庭裁判所の検認手続きをしないと、遺言書を使って不動産や預貯金の相続手続きができません。通常の（法務局に預けていない）自筆証書遺言の場合は、家庭裁判所の検認が必要になると覚えておきましょう。

☑ 自筆証書遺言のメリット・デメリット

メリット	・場所や時間を問わず1人でつくれる ・費用がかからない
デメリット	・要件を満たせず、無効になる場合がある ・紛失や改ざんされるなどの危険性がある

> 遺言書の方式は、メリットとデメリットを理解して検討しましょう。

Q 自筆証書遺言はどこに保管しておけばいいの?

A 自筆証書遺言は、財産を相続させる人に渡しておいたり、遺言者が亡くなった後に発見されやすい場所に保管したりしておきましょう。士業や信託銀行を遺言執行者に指定して、遺言書を預けておく例もあるようです。銀行の貸金庫は、開けるのに相続人全員の立会いや、同意書を求められます。相続人全員の協力がないと開けられない可能性があるので、貸金庫で遺言書を保管するのはやめましょう。

7 遺言書の検認

検認で偽造や改ざんを防止する

　検認とは遺言書の存在や内容を相続人に知らせ、家庭裁判所で遺言書の状態を記録し、それ以降の偽造や改ざんを防止する手続きです。自筆証書遺言の場合は、相続開始後、検認が必要となります。なお、検認は遺言書の有効無効を判断する手続きではないので、検認したとしても、その遺言書が実際の相続手続きに使えるとは限りません。

検認申立ての流れ

　遺言書の保管者や遺言書を発見した相続人は、相続開始後、家庭裁判所に検認を請求しなければなりません。遺言者の最後の住所地を管轄する家庭裁判所に、戸籍謄本などの必要書類とともに遺言書の検認申立書を提出します。戸籍謄本は基本的には遺言者の出生から死亡までの一連の戸籍謄本と相続人全員のものが必要です。ただし、代襲相続人、直系尊属、兄弟姉妹、甥姪が相続人に入ってくる場合や配偶者のみが相続人の場合はさらに多くの戸籍謄本を集めます。検認の申立てがあると、家庭裁判所は相続人全員に検認日を通知しますが、申立人以外の相続人が出席するかどうかは各人の自由です。申立人が、検認日に遺言書の原本を持っていくと、家庭裁判所で遺言書の状態が

●アドバイス
自筆証書遺言でも法務局に預けている場合は、検認は不要です。

●アドバイス
遺言書の検認は弁護士に依頼したり、司法書士に書類作成を依頼したりすることもできます。必要となる戸籍謄本の収集も依頼することができます。

遺言書の検認申立書の書式は裁判所のウェブサイトからダウンロードできます。

Point
- 自筆証書遺言は、相続開始後に家庭裁判所で検認の手続きをする
- 封印のある遺言書を勝手に開封してはいけない

記録されます。検認後、検認済証明書を遺言書に付けてもらえると、遺言書を不動産や預貯金の相続手続きに使うことができます。

○用語解説
封印
封をした場所に押印すること。

第**2**章 遺言書の基本

封印がある場合は開封しない

遺言書が封筒に入っていて**封印**されていた場合、勝手に開封してしまうと5万円以下の過料というお金を請求される可能性があります。封印のある遺言書は家庭裁判所の検認の場で開封しましょう。

☑ 相続人の欠格事由

以下に該当する人は相続人になれない（相続欠格）。

① 故意に被相続人、先順位の相続人、同順位の相続人を殺したり、殺そうとしたりしたため、刑に処せられた人

② 被相続人が殺されたことを知っているのに、告発・告訴しなかった人（ただし、その人が善いことと悪いことの区別がつかないときや、殺害者が自分の配偶者か直系血族であったときを除く）

③ 詐欺または強迫によって、被相続人が遺言書をつくるのを妨害したり、遺言の撤回・取消・変更をするのを妨害したりした人

④ 詐欺または強迫によって、被相続人に遺言書をつくらせたり、遺言の撤回・取消・変更をさせたりした人

⑤ 被相続人の遺言書を偽造・変造・破棄・隠匿した人※

※相続人が被相続人の遺言書を破棄したり、隠したりすると⑤に該当し、相続人になれなくなる。

8 法務局に遺言書を預ける

相続人のほかに受遺者と遺言執行者が、遺言書情報証明書の交付を受けられます。

自筆証書遺言書保管制度

　自筆証書遺言は手軽につくれる反面、紛失や改ざんの危険性、相続人に発見されないかもしれないという問題点があります。また、民法で定められた要件を守らないと無効になってしまいます。

　これらの問題を解消するため、法務局で遺言書を保管する**自筆証書遺言書保管制度**が2020年7月10日にスタートしました。遺言者は、自分で作成した自筆証書遺言について、法務局に対して遺言書の保管申請をすることができます。申請されると、法務局は自筆証書遺言の原本と画像データを保管します。

　その後、遺言者が亡くなると、相続人等は保管してある画像データから作成された**遺言書情報証明書**の交付を受けることができます。相続人等はこの遺言書情報証明書を、遺言書原本の代わりとして不動産や預貯金の相続手続きに使えます。

制度を利用するときのルール

　自筆証書遺言書保管制度を利用する場合、守らなければならない様式上のルールがあります。まず、用紙はA4サイズで、記載した文字が読みづらくなるような模様や彩色があってはいけません（一般的な罫線は問題ない）。無地のコピー用紙な

どを使うとよいでしょう。

　次に、余白は上5mm以上、下10mm以上、左20mm以上、右5mm以上が必要です。紙は片面だけを使い、裏面や余白の部分には何も記載してはいけません。なお、複数ページになってもホチキスでとめたりはしません。また、ページの継目に押す契印も不要です。

　遺言書の本文と財産目録には通し番号でページ数を記載してください。「1／2」「2／2」などと総ページ数もわかるように記載します。

○ **アドバイス**
自筆証書遺言書保管制度を利用するときも、遺言書自体を手書きすることに変わりはありません。なお、財産目録をパソコン等でつくれることも通常の自筆証書遺言と同じです。

第2章　遺言書の基本

▽ 遺言書保管制度を利用する際の様式上のルール

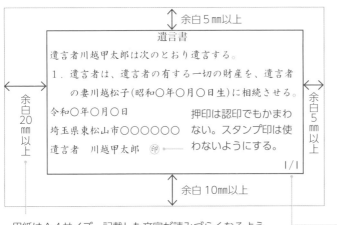

余白5mm以上

遺言書
遺言者川越甲太郎は次のとおり遺言する。
1．遺言者は、遺言者の有する一切の財産を、遺言者
　　の妻川越松子（昭和〇年〇月〇日生）に相続させる。
令和〇年〇月〇日
埼玉県東松山市〇〇〇〇〇〇
遺言者　川越甲太郎　㊞

押印は認印でもかまわない。スタンプ印は使わないようにする。

1／1

余白20mm以上

余白5mm以上

余白10mm以上

各ページに通し番号でページ数を記載する。総ページ数もわかるように1／2、2／2などと記載する。1枚のときも1／1と記載する。

用紙はA4サイズ。記載した文字が読みづらくなるような模様や彩色等がないものを使用する。片面のみに記載して、複数ページのときも綴じたり契印したりしない。

※巻末資料（P.235参照）から遺言書保管制度用の用紙例をダウンロードして利用することで、用紙上のルールをクリアできる。

9 遺言書保管制度の メリット・デメリット

🔴アドバイス
自筆証書遺言書保管制度の場合、遺言書の原本は法務局で保管されます。どのような内容の遺言書をつくったか控えを残しておきたい場合は、あらかじめ遺言書のコピーを取っておくとよいでしょう。なお、手数料を払えば、遺言者は法務局で、預けた遺言書の原本や画像を確認することもできます。

自筆証書遺言書保管制度のメリット

　自筆証書遺言書保管制度では、遺言書を法務局で保管していますので、紛失したり、改ざんされたりする心配はありません。また、遺言書の保管申請の際に、死亡時の通知の対象者を指定できます。指定した場合、遺言者が亡くなったことを法務局が把握したときに、指定された人に、遺言書を保管している旨を通知してくれます。相続人などが遺言書の存在に気付かない可能性を低減することができます。なお、遺言書の保管申請にかかる法務局の手数料は3900円です。公正証書遺言の公証人手数料に比べると安いと言えます。

　相続開始後は、相続人、受遺者、遺言執行者は法務局に遺言者の遺言書が保管されているか確認することができます。遺言書が見つからない可能性があるという自筆証書遺言の問題点が解消されます。遺言書が保管されている場合、相続人等は遺言書情報証明書の交付を受けて、この証明書を相続手続きに使うことができます。誰かが遺言書情報証明書の交付を受けると、法務局はほかの相続人全員に遺言書を保管している旨を通知します。

自筆証書遺言書保管制度のデメリット

　遺言書の保管申請の際に法務局職員は遺言書の

外形的なチェックを行いますが、遺言書の内容については審査の対象外です。つまり、法務局に遺言書を預けたからといって、内容に問題がないとは限らないということです。この点は、公証人からのアドバイスがもらえる公正証書遺言と大きく異なります。自筆証書遺言書保管制度は、遺言者自身が内容的に不備のない遺言書を書ける場合でないと利用に適さないでしょう。

　相続開始後、自筆証書遺言書保管制度の場合は、家庭裁判所の検認は不要です。ただし、遺言書情報証明書の交付を受けるのに、検認手続きと同じく戸籍謄本を集める必要があるため、それほど手間が減るわけではありません。

アドバイス
相続開始後、法務局に遺言書が保管されているか確認する場合は、遺言書保管事実証明書の交付請求をします。法務局の窓口か郵送で請求しますが、法務局窓口で請求する場合は予約が必要です。遺言書情報証明書の交付請求も法務局窓口でする場合は予約が必要です。なお、遺言書保管事実証明書や遺言書情報証明書の交付請求書の作成は司法書士に依頼することもできます。

Q　実際に法務局に遺言書を預ける場合はどうしたらいいの?

A　まず申請書を法務省のウェブサイトからダウンロードするか、最寄りの法務局で入手します(申請書の作成は司法書士に依頼することもできます)。次に必要書類として、本籍と筆頭者の記載のある住民票、運転免許証などの身分証明書、収入印紙3900円分を用意しましょう。その後、法務局のウェブサイト(法務局手続案内予約サービス)か、電話にて予約をしたうえで、法務局に書類を提出しに行きます。手続きが終わると保管証が交付されます。法務局に遺言書を預けたことを家族などに伝える場合は、保管証を利用すると便利です。

10 公正証書遺言

アドバイス
法改正により2025年ごろから、テレビ電話を利用して公証人と通話することで、公正証書遺言の作成ができるようになる予定です。

アドバイス
日本公証人連合会のウェブサイトによると、公正証書遺言の原本は、遺言者の死亡後50年、証書作成後140年または遺言者の生後170年間保存される取り扱いになっています。原本が保存されているうちは謄本の再交付が請求できます。また、公正証書遺言の原本は作成した公証役場に保存されていますが、原本のスキャンデータを日本公証人連合会で二重保存しています。

公正証書遺言のつくり方

公正証書遺言は、公証人が関与してつくる遺言書です。実際に作成する際は、事前に遺言書の文案を公証人と打ち合わせしたり、資料を提出したりします。

公正証書遺言を作成する当日は民法の第969条にのっとり、次の①〜⑤の手続きで進めます。

①証人2人が立会う必要がある。作成の場に入れるのは遺言者、公証人、証人。付き添いの人は別の部屋などで待つことになる

②遺言者が、どのような遺言をしたいのか公証人に口頭で説明する

③上記②を受けて公証人が遺言書の原稿を作成するが、実務では事前に作成しておくことが多い。公証人は、作成した遺言書の原稿を遺言者と証人に読み聞かせる

④遺言者と証人は原稿が正確なことを確認し、署名・押印をする。基本的に、遺言者は実印を押印する

⑤公証人が、民法所定の方式で遺言書を作成したことを記載し、署名・押印すると公正証書遺言が完成する

公正証書遺言の正本と謄本を渡される

　作成した公正証書遺言の原本は公証役場に保管されます。原則的に持ち出しは禁止されているので、代わりに公正証書遺言の正本と謄本を渡されます。正本は原本と同じ効力を持つ書類で、謄本は原本の写しです。どちらも原本の正規の複製書類です。相続開始後の相続手続きは正本か謄本を使って行います。そのため、遺言書で財産を相続させる人に渡しておくか、相続開始後に発見されやすい場所に保管しておきましょう。なお相続開始後、正本や謄本が見つからなくても、相続人、受遺者、遺言執行者などは公証役場に謄本の再交付を請求することができます。公証役場に保管されている原本から謄本を作成してもらえるので、自筆証書遺言と違って紛失の心配がありません。

♻ アドバイス

口がきけない人が公正証書遺言をする場合、遺言の内容を口頭で公証人に説明する代わりに、筆談で伝えるか、通訳人の通訳で伝えることができます。また、耳が聞こえない人が公正証書遺言をする場合は、公証人は原稿の読み聞かせに代えて、原稿を閲覧させるか、通訳人の通訳で伝えることができます。

☑ 証人の欠格事由

以下に該当する人は公正証書遺言の証人※になれない。

①未成年者

②推定相続人（相続人になる予定の人）、受遺者、これらの人の配偶者と直系血族

③公証人の配偶者、4親等内の親族、書記および使用人

※証人を自分で見つけられない場合は、公証役場で証人を紹介してもらうこともできる。ただし、その証人に謝礼を払うのが通常であるため、謝礼の金額を確認する。

11 公正証書遺言のメリット・デメリット

○アドバイス
公正証書遺言の謄本の
再交付は、公正証書遺言
を作成した公証役場
に請求します。この請
求は郵送でもできます。
手続き方法は公証役場
に問い合わせてみてく
ださい。

○アドバイス
公正証書遺言をつくり
たいときは、基本的に
公証役場に行って作成
します。どこの公証役
場を選んでもかまいま
せん。また遺言者が病
気等で公証役場に行け
ない場合は、自宅や病
院に出張してもらうこ
ともできます。ただし、
公証人の出張を希望す
る場合は、出張先と同
じ都道府県の公証役場
を選びましょう。

公正証書遺言のメリット

　自筆証書遺言が方式を間違えて無効となってしまうことが散見されるのに対し、公正証書遺言は公証人が関与して作成するため、方式を間違えて無効になることはまずありません。

　また、自筆証書遺言が原則的には全文を手書きするのに対し、公正証書遺言は公証人が作成し、遺言者が書く部分は署名のところだけです。遺言者が署名できない場合、公証人がその理由を付記して、署名に代えることができますので、字が書けない人でも公正証書遺言をつくれます。

　公正証書遺言の原本は公証役場に保管されているので、紛失や改ざんの心配もありません。交付された正本や謄本をなくしても、原本をもとに謄本を再交付してもらえます。なお、1989年以降に作成された公正証書遺言は、相続開始後、相続人、受遺者、遺言執行者は全国どの公証役場でも検索することができます。公正証書遺言の場合は、相続開始後に家庭裁判所の検認手続きが必要ありません。したがって、その分、早く不動産や預貯金の相続手続きが可能となります。

公正証書遺言のデメリット

　公正証書遺言のデメリットとして、証人2人が

必要となる点が挙げられます。また、公証人手数料も必要です。公証人手数料は財産の額や財産を分ける人数によって変わります。財産が2000万円ぐらいで、財産を相続させる相続人が2〜3人だとすると、手数料は5万円ぐらいからです。手数料の詳細は公証役場に確認しましょう。

◎アドバイス
公証人の出張を希望する場合は、公証人手数料が1.5倍になり、日当（1日2万円、4時間まで1万）と交通費が加算されます。

第**2**章 遺言書の基本

▼ 公正証書遺言の公証人手数料の基準

目的の価額	手数料
100万円以下	5000円
100万円を超え200万円以下	7000円
200万円を超え500万円以下	1万1000円
500万円を超え1000万円以下	1万7000円
1000万円を超え3000万円以下	2万3000円
3000万円を超え5000万円以下	2万9000円
5000万円を超え1億円以下	4万3000円
1億円を超え3億円以下	4万3000円に超過額5000万円までごとに1万3000円を加算した額
3億円を超え10億円以下	9万5000円に超過額5000万円までごとに1万1000円を加算した額
10億円を超える額	24万9000円に超過額5000万円までごとに8000円を加算した額

（補足）
①財産の相続または遺贈を受ける人ごとに財産の価額を算出し、上記の表に当てはめて手数料を求め、全員分を合計する。たとえば、妻に1000万円、長男に500万円、長女に500万円相当の財産を相続させる内容だと、手数料は1万7000円+1万1000円+1万1000円の計3万9000円となる。
②全体の財産が1億円以下の場合は1万1000円を加算する。
③原本は横書きの場合、4枚目から1枚につき250円加算される。
④正本と謄本は1枚につき250円加算される。
⑤祭祀主宰者（祭祀財産の承継者）の指定や過去につくった遺言の撤回をすると、それぞれ1万1000円の加算となる。
⑥遺言者の病気等が理由で公証人が出張した場合は手数料が1.5倍となり、日当と交通費が加算される。

12 どの遺言の方式に すればよいのか?

⊙アドバイス
自筆証書遺言書保管制度の場合、検認は不要ですが、遺言書情報証明書の交付を受けるのに相続関係を証明する戸籍謄本が必要なので、相続開始後、ある程度の時間がかかります。

自筆証書遺言にするなら 法務局に預ける

　自筆証書遺言は紙と筆記用具があれば遺言者がいつでも、どこでもつくれ、証人も必要ありません。また費用がかかることもありません。

　費用面から公正証書遺言ではなく、自筆証書遺言を選ぶ場合、法務局に預ける自筆証書遺言書保管制度を利用するのが望ましいでしょう。

　自筆証書遺言は1通しかないので、紛失してしまうと相続手続きができなくなります。相続開始後の不動産や預貯金の相続手続き中に郵便事故で紛失する危険性も考えなければなりません。

　自筆証書遺言を選んだ場合は、自筆証書遺言書保管制度を使って、遺言書の原本を法務局に預け、紛失を防ぐことをお勧めします。

確実性を優先するなら公正証書遺言

　自筆証書遺言は、民法に定められた方式を守らず無効になったり、内容が不明瞭で実際の相続手続きに使えないケースが見受けられたりします。

　自筆証書遺言書保管制度を利用しても、法務局職員は遺言書の外形的なチェックのみ行い、内容についてはチェックしません。一方、公正証書遺言は公証人が関与して作成しますので、方式を間

若いときは保険的に自筆証書遺言をつくっておいて、高齢になったり、推定相続人や財産構成が明確になったりしたら、公正証書遺言をつくるという方法も考えられます。

違えることはまず考えられません。内容についても公証人のアドバイスを受けられるので、解釈に疑義が生じて相続手続きができない可能性は自筆証書遺言に比べて低いと言えます。確実性を重視するなら、公証人手数料はかかりますが、公正証書遺言にしたほうがよいでしょう。

また、自筆証書遺言は財産目録以外を遺言者が自分で手書きしなければならないのに対し、公正証書遺言は公証人が原稿をつくってくれるので、複雑な内容の遺言でも書く労力がかかりません。

そのうえ、公正証書遺言は原本が公証役場に保管されるので、紛失、改ざんの心配もなく、相続開始後は公証役場で遺言書の有無を検索できます。家庭裁判所の検認が必要ないので、迅速な相続手続きが可能となります。

○アドバイス
金融機関によっては、自筆証書遺言の場合、預貯金の相続手続きに相続人全員の実印の押印と印鑑証明書を要求される可能性があります。この点を考えると公正証書遺言のほうが安全です。

第2章　遺言書の基本

☑ 遺言の方式の比較※

	自筆証書遺言	法務局に預ける自筆証書遺言	公正証書遺言
方式のチェック	誰もチェックしない	法務局職員が外形的なチェックをする（内容はチェックしない）	公証人が関与するので方式を間違えることはまずない
費用	無料	3900円	公証人手数料（P.79参照）
紛失、改ざんの可能性	あり	なし（原本は法務局に保管）	なし（原本は公証役場に保管）
相続開始後の家庭裁判所の検認	必要	不要（ただし、遺言書情報証明書の交付に手間を要する）	不要
遺言書の検索システム	なし	法務局で検索	公証役場で検索

※各方式のメリットは色付き部分を参照。

13 遺言書の撤回や変更

● アドバイス

初めにつくった遺言書を、2番目につくった遺言書で撤回し、さらに3番目につくった遺言書で2番目の遺言書を撤回した場合、原則的には初めの遺言書は復活しません。初めの遺言書を復活させたい場合は、初めの遺言書と同じ内容の遺言書を新たにつくりましょう。

認知症等で遺言能力がなくなると、遺言書がつくれなくなります。まずは遺言書をつくってみて、事情が変わったら撤回や変更をするのもよいでしょう。

いつでも撤回ができる

　遺言書をつくった後、事情が変わって、以前の遺言書をなかったことにしたいケースがあるかもしれません。遺言者は、いつでも、遺言の方式に従って、遺言の全部または一部を撤回することができます。遺言の方式で撤回する必要があるので、「遺言者は、令和○年○月○日付で作成した自筆証書遺言を全部撤回する」というような内容の遺言書を新たにつくることになります。方式は、前の遺言書と異なっていてもかまいません。たとえば、前の遺言書が自筆証書遺言で、撤回する旨を記載する遺言書が公正証書遺言であっても差し支えありません。遺言書を変更したい場合は、撤回して新たな遺言をすればよいのです。

　また、撤回しなくても、新しく遺言書をつくった場合、前の遺言書が新しい遺言書と抵触していれば、抵触する部分は撤回したものとみなされます。たとえば「一切の財産を長男○○に相続させる」旨の遺言書をつくった後に「一切の財産を長女○○に相続させる」旨の遺言書をつくれば、長男に相続させるほうの遺言書は撤回したとみなされます。

　遺言書が複数あって内容が抵触する場合は、日付の新しいものが有効ということになります。

遺言書をつくった後に 財産を処分してもかまわない

　遺言書をつくると、遺言書に記載した財産を処分してはいけないと考える人がいるかもしれませんが、自由に処分してかまいません。

　遺言者が遺言書をつくった後に、生前処分等を行えば、これと抵触する遺言書の部分は撤回されたものとみなされるからです。

　「A銀行の預金を長男○○に相続させる」旨の遺言書をつくった後に、A銀行の預金を全部おろしてしまえば、その部分は撤回されたものとみなされ、長男はA銀行の預金を相続できなくなります。

　不動産でも同じで、「B不動産を長女○○に相続させる」と遺言した後に、B不動産を売ってしまえば、その部分は撤回されたとみなされます。

○アドバイス
遺言者が故意に遺贈の目的物を破棄した場合も、その部分については撤回したものとみなされます。たとえば、「壺を二男○○に相続させる」旨の遺言書をつくった後に、遺言者がその壺をわざと壊したような場合です。

第2章 遺言書の基本

Q 自筆証書遺言を遺言者自身が破いて捨てた場合、遺言書の効力はどうなるの?

A 遺言者が故意に遺言書を破棄したときは、破棄した部分については遺言を撤回したものとみなされます。なお、公正証書遺言の場合、原本は公証役場に保管されていますから、手元の正本を破棄しても撤回したことにはなりません。

遺言書のさまざまな方式

　一般的な自筆証書遺言と公正証書遺言以外にも、遺言書にはさまざまな方式が存在します。その1つが秘密証書遺言です。

　秘密証書遺言は、公証人にも内容を秘密にできる遺言書なのですが、実際にはほとんど利用されていません。

　秘密証書遺言は、遺言者が遺言書を封筒に入れて封印したうえで、公証人と2人の証人の前に提出し、公証人が遺言書の存在だけを証明するというものです。公証人は、遺言書の内容を確認しませんので、誰に対しても内容を知られないというのが最大のメリットです。署名以外は自筆である必要がないので、遺言書の本文をパソコンでつくったり、代筆してもらったりすることも可能です。封印がされているので、偽造・変造されることもありません。ただし、内容を公証人が確認しないので不備が出たり、遺言者が保管するため紛失したりする可能性があります。

　加えて、死にひんしている人や伝染病で隔離されている人、船に乗っている人は、それぞれの条件を満たすと特別な方式の遺言ができると民法に定められています。

　また法改正により2025年までに、公証人と直に面談しなくても、テレビ電話を使って公正証書遺言を作成できるようになります。遺言者からの申出があり、公証人が相当と認める場合にテレビ電話の使用が可能となります。ただし、遺言者が高齢の場合や合理的な理由なしに一部の相続人に全財産を相続させるような遺言内容だと、慎重に判断するためテレビ電話の利用が認められない可能性もあります。

　なお現在インターネット上で作成・保存ができる遺言書制度の創設が検討されています。

第 3 章

遺言書の書き方

遺言書の書き方には決まりがあります。
そして決まりを守らずに書いてしまうと、
その遺言書は無効になってしまう可能性があるのです。
正しい書き方を学び、適切に遺言が行われるようにしましょう。

遺言書の書き方には決まりがある

86

1

···

シンプルな自筆証書遺言を書いてみる

● アドバイス

連絡先のわからない相続人がいる場合、戸籍の附票を取れば現在の住民票上の住所がわかります。この住所に手紙を送って配達はされたのに返事がなければ、家庭裁判所に遺産分割調停を申立てないと話が進まないかもしれません。住民票上の住所に手紙を送っても、「あて所に尋ねあたりません」との理由で返送されてきて、現地に行っても住んでいないというケースもあるかと思います。この場合、家庭裁判所で不在者財産管理人を選任してもらい、不在者財産管理人と遺産分割を行うことが考えられます。

遺産分割協議ができなかったらどうなる?

　推定相続人の1人が音信不通であるケースで遺言書の必要性を考えてみましょう。たとえば、ある夫婦がいて、夫婦の間の子は長男と長女の2人だったとします。そして、長男は長年に渡り音信不通だったとします。夫は不動産と預貯金を持っていて、夫名義の不動産には夫と妻が2人で住んでいます。この状態で夫が亡くなった場合、不動産を妻の名義に相続登記したり、預貯金の払戻しをしたりするには、相続人全員で遺産分割協議をしなければなりません。そして、遺産分割協議書をつくり、相続人全員の実印を押印し、印鑑証明書を付ける必要があります。音信不通である長男の実印と印鑑証明書も必要なので、連絡がつかないと、相続手続きができません。

困らないようにシンプルな遺言書をつくる

　相続手続きに困らないように、夫は自筆証書遺言をつくることにしました。自筆証書遺言は、原則的には全文を遺言者が自分で手書きしなければなりません。夫は、できるだけシンプルな形にするため、「全財産を妻に相続させる」という内容に

することにしました。

　遺言書をつくっておけば、夫が亡くなったら遺言書を使い、不動産を妻の名義に相続登記したり、預貯金の相続手続きをしたりすることができます。

◪ 遺言書を用意したほうがよいケース

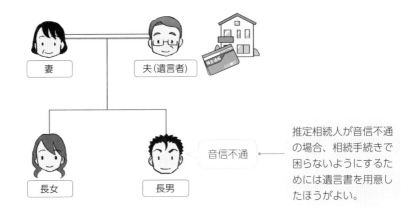

妻　　　　夫(遺言者)

長女　　　　長男　　音信不通

推定相続人が音信不通の場合、相続手続きで困らないようにするためには遺言書を用意したほうがよい。

Q 上記の事例で、相続開始後に長男が遺留分侵害額の請求をしてくる可能性はあるの?

A 長男には遺留分がありますので、遺留分侵害額請求をしてくる可能性は残ります。請求するかどうかは遺留分権利者の自由ですが、請求された場合は、遺留分侵害額に相当するお金を支払う必要があります。しかし、遺留分の割合は法定相続分の2分の1なので、遺言書があったほうが負担は少なくなります。この事例では、長男の法定相続分は4分の1なので、遺留分の割合は8分の1という計算になります(ただし、夫より先に妻が死亡していた場合は、長男の遺留分の割合は4分の1)。

2 シンプルな自筆証書遺言の文例

準備するもの

　自筆証書遺言をつくるにあたって、まずは紙と筆記用具を用意します。紙は長期間の保存に耐えられるようなものがよいので、コピー用紙などを使ってください。筆記用具はボールペン、万年筆、サインペンなど消せないものを使用しましょう。

書き方の注意点

　自筆証書遺言は、財産目録以外は全文を手書きしなければなりません。まず、冒頭に「遺言書」などと記載して、遺言書であることをわかりやすくしておきましょう。

　全財産を1人の相続人に渡したいのであれば、「遺言者の有する一切の財産を○○に相続させる」と記載します。基本的に、相続人に財産を渡したい場合は「相続させる」という文言を使います。

　相続人を記載するときは、続柄(妻、長男、長女など)、氏名、生年月日で特定します。戸籍謄本を見ながら正確に書くのが望ましいでしょう。

　次に、日付を手書きします。西暦でも和暦でもかまいませんが、必ず年月日を記載してください。和暦の場合は元号も忘れないようにしましょう。

　最後に署名・押印します。押印は認印でもかまいませんが、実印のほうが望ましいです。

Point

- 全文、日付、氏名を手書きして押印する
- 相続人に対しては「相続させる」という文言を使う
- 相続人は続柄、氏名、生年月日で特定する

　氏名だけだと遺言者の特定性に欠ける可能性があるので、住民票上の住所も書いておきましょう。

遺産全部を妻に相続させる文例

相続人に対しては、基本的に「相続させる」という文言を使う。

「遺言書」と記載しておけば、遺言書であることがわかりやすくなる。

　　　　　　　　遺言書

　遺言者川越甲太郎は次のとおり遺言する。

1. 遺言者は、遺言者の有する一切の財産を、
　　遺言者の妻川越松子（昭和〇年〇月〇日生）
　　に相続させる。

　令和〇年〇月〇日
　埼玉県東松山市〇〇〇〇〇〇
　遺言者　川越甲太郎　㊞

相続人は、続柄、氏名、生年月日などで特定する。戸籍謄本を見て正確に書く。

年月日を正確に手書きする。和暦の場合は元号も書く。

署名して押印する。氏名は戸籍の通り正確に書く。押印は認印でもかまわないが、実印が望ましい。氏名だけだと遺言者の特定性に欠ける可能性があるので、住民票上の住所も書いておく。

コピー用紙などにボールペン、万年筆、サインペン等を使って全文を手書きする。

アドバイス

自筆証書遺言書保管制度を使って、遺言書を法務局に預ける場合は、A4サイズの紙を使います。余白は上5mm以上、下10mm以上、左20mm以上、右5mm以上が必要です。なお巻末資料（P.235参照）の「遺言書保管制度用の用紙例」を印刷して、罫線からはみ出さないように書けば、余白の条件はクリアできます。

効力のある遺言書にするための
７つのポイント

効力のある遺言書をつくるためのポイントをリスト化しています。
自筆証書遺言をつくる際は、この７つのポイントを確認しましょう。

☐ 遺言書の本文は自筆でつくる

自筆証書遺言は財産目録以外、全文を遺言者が自分で手書きしなければなりません。また、遺言者以外の人による代筆だった場合も無効です。

☐ 押印をする

押印のない自筆証書遺言は無効となります。

☐ 日付を特定する

日付が特定できない遺言書は無効です。日付の記載方法をめぐって争いになる裁判例が多いので、注意してください。
無効な例：日付の記載がない、令和○年○月、令和○年○
　　　　　月吉日、令和○年正月
有効な例：2024年１月15日、令和６年５月30日

☐ １つの遺言書につき１人で遺言する

民法では、２人以上の者が同一の遺言書で遺言をすることができないと規定しています。

（無効な文例）

□ 動画による遺言はしない

動画による遺言は、民法に規定されていないので無効です。ただ、遺言書とは別に、遺言書をつくったことやその理由などを述べた動画を残しておくと、後々、遺言書の有効性をめぐって相続人同士の争いになったときに証拠の１つとなるかもしれません。

□ 「相続させる」「遺贈する」という文言を使う

「遺産は○○に任せる」「財産を○○へ」「財産を○○に管理させる」などの表現は解釈に疑義が生じて、相続手続きができない可能性が高いので避けましょう。「譲る」「与える」「渡す」なども「相続」と「遺贈」で疑義が生じる可能性があります。原則的に相続人に対しては「相続させる」という文言を、相続人以外に対しては「遺贈する」という文言を使います。

□ 不動産や預貯金の表記は正確に行う

遺言書に不動産や預貯金を特定して記載する場合、その表記が正確でないと相続手続きができない可能性があります。

自筆証書遺言を封筒に入れるべきか

法律上、自筆証書遺言を封筒に入れる必要はありません。ただ、誰にでも遺言書を見られる状態にしておくと、改ざんされる可能性がありますので、それを防ぐために封筒に入れる人もいます。フタを糊付けしたら、ハンコで封印しておきましょう。封印のある遺言書は、家庭裁判所で相続人の立会いがなければ開封できず、家庭裁判所外で開封すると５万円以下の過料を請求される可能性があります。

封筒には、「遺言書　在中」などと記載し、開封せずに家庭裁判所に検認を申立てることを促す文言を記載しておくとよいでしょう。

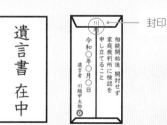

3 予備的遺言を記載する

用語解説

予備的遺言（補充遺言）
当初財産を渡したかった相手が遺言者より前、または同時に亡くなった際に、あるいは相続放棄をした際に備えて、次に財産を相続させる相続人を決めておく遺言書のこと。

アドバイス

数人の人が亡くなり、これらの人の死亡時期の前後が不明の場合、これらの人は同時に死亡したものと推定されます。

遺言者と配偶者が同時に亡くなる可能性もあるので、予備的遺言を記載する際は「遺言者の死亡以前に〜」という表現にしましょう。

妻が先に亡くなった場合も考える

夫が、妻に全財産を相続させる旨の遺言書をつくっていたとしても、夫より先に妻が亡くなってしまった場合はどうなるでしょうか。遺言書で遺産を「相続させる」とした相続人が遺言者の死亡以前に亡くなっていた場合、基本的には、遺言書でそのことを記載した部分は効力が発生しません。

つまり、妻が先に亡くなっていた場合、「遺言者の有する一切の財産を遺言者の妻○○○○に相続させる」という遺言の効力が発生せず、財産の相続手続きには夫の相続人全員による遺産分割協議が必要になります。

予備的遺言を記載しておく

夫が遺言書をつくるときに、妻が亡くなっていた場合のことも記載しておくことで問題を解決できます。妻が亡くなっていた場合は、全財産を長女に相続させたいのであれば、「遺言者の死亡以前に前記妻○○○○が死亡していた場合は、遺言者は、遺言者の有する一切の財産を、遺言者の長女○○○○（昭和○年○月○日生）に相続させる」と遺言書に記載します。

このような遺言を、**予備的遺言**とか**補充遺言**などと言います。

Point
- 財産を相続させるとした相続人が遺言者より先に亡くなると遺言の効力が発生しなくなる
- 万が一に備えて予備的遺言を記載しておく

☑ 遺言書を書くうえで考えたいケース

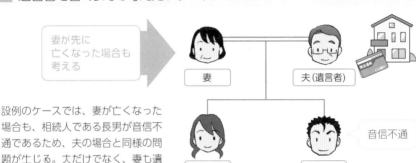

妻が先に
亡くなった場合も
考える

設例のケースでは、妻が亡くなった場合も、相続人である長男が音信不通であるため、夫の場合と同様の問題が生じる。夫だけでなく、妻も遺言書をつくっておいたほうがよい。

☑ 予備的遺言の文例

1. 遺言者は、遺言者の有する一切の財産を、遺言者の妻川越松子（昭和○年○月○日生）に相続させる。

遺言者の死亡以前に、1に記載した相続人が亡くなっていた場合、1の条項の効力が発生しない。

2. 遺言者の死亡以前に前記妻川越松子が死亡していた場合は、遺言者は、遺言者の有する一切の財産を、遺言者の長女坂戸竹子（昭和○年○月○日生）に相続させる。

1に記載した相続人が亡くなっていた場合に効力が発生する予備的遺言を記載すれば問題を解決できる。

3. 遺言者の死亡以前に前記妻川越松子及び前記長女坂戸竹子の両名が死亡していた場合は、遺言者は、遺言者の有する一切の財産を、遺言者の孫坂戸七雄（平成○年○月○日生）に相続させる。

1と2に記載した相続人が2人とも亡くなっていた場合の予備的遺言を記載することも可能。

4 遺言執行者は必要か？

● アドバイス
遺言執行者がいなかったり、いなくなったりした場合、相続人など利害関係人は家庭裁判所に遺言執行者の選任申立てをすることができます。

遺言執行者がいないときの現実的な問題

　相続人に「相続させる」旨の遺言書であった場合、遺言執行者がいなくても、その相続人が単独で不動産の相続登記もできますし、預貯金の相続手続きも行えます。しかし、金融機関の中には、遺言執行者がいない場合、預貯金の相続手続きに相続人全員の実印の押印と印鑑証明書を要求するところがあります。少数派ではあると思われますが、これに対応するため、遺言書の中で遺言執行者を指定しておくことが考えられます。

遺言執行者を指定する

　遺言執行者は士業や信託銀行でなくてもかまいません。法律上、遺言執行者になれないのは未成年者と破産者なので、遺言執行者に家族や受遺者などを指定することも可能です。遺言執行者だからといって遺言執行を全部1人でやらなくてはいけないわけではなく、遺言執行者は自分の責任で第三者に手伝ってもらうこともできます。遺言執行者の報酬を節約するために、家族を遺言執行者に指定しておき、実際に相続が始まったら、必要に応じて士業に遺言執行を手伝ってもらうことも考えられます。

承諾等により、遺言執行者がその地位に就くことを「就職」と言います。

Point
- 遺言執行者がいない場合、預貯金の相続手続きに相続人全員の実印と印鑑証明書を要求する金融機関もある
- 遺言書で家族を遺言執行者に指定することもできる

遺言執行者を遺言書で指定するときは、「遺言者は、この遺言の遺言執行者として○○○○を指定する」などと記載します。

▽ 遺言執行者を指定する文例

1. 遺言者は、遺言者の有する一切の財産を、遺言者の妻川越松子（昭和○年○月○日生）に相続させる。

2. 遺言者の死亡以前に前記妻川越松子が死亡していた場合は、遺言者は、遺言者の有する一切の財産を、遺言者の長女坂戸竹子（昭和○年○月○日生）に相続させる。

3. 遺言者は、この遺言の遺言執行者として前記妻川越松子を指定する。 ←遺言執行者を指定する条項。

4. 前記妻川越松子が死亡した場合または前記妻川越松子が遺言執行者に就職しなかった場合は、遺言者は、この遺言の遺言執行者として前記長女坂戸竹子を指定する。 ←指定した人が亡くなった場合や遺言執行者になるのを断った場合の予備的な遺言執行者を指定することもできる。

遺言執行者が相続開始後にすること

遺言執行者になった人は、相続開始後に、遺言の内容を相続人に通知しなければなりません。遺言書のコピーを渡して通知すればよいでしょう。また、遺言執行者は相続財産の目録※をつくって、相続人に交付しなければなりません。相続人から請求があった場合は事務処理の状況を報告し、遺言執行が終了した場合は事務処理の経過と結果を報告します。これらの義務を怠ると、ほかの相続人から損害賠償請求をされる可能性があるので注意しましょう。

※遺言執行者用の相続財産目録は、巻末資料（P.235 参照）からダウンロードできる。

5 遺贈したいときの記載方法

用語解説

包括遺贈
目的物を特定せずに、相続財産の全部または一定の割合を決めて遺贈すること。

特定遺贈
与える財産を具体的に特定し、遺贈すること。

アドバイス
包括遺贈の場合、受遺者が遺贈を放棄するには、自己のために包括遺贈があったことを「知った時」から3カ月以内に家庭裁判所に放棄の申述をしなければなりません。特定遺贈の場合は、受遺者は遺言者の死亡後いつでも遺贈の放棄ができます。

アドバイス
割合で包括遺贈を受けた受遺者がいる場合、相続人による遺産分割協議は、この包括受遺者も含めて行います。

アドバイス
遺贈は法人に対してすることもできます。

遺贈の種類は2つある

遺言書で相続人以外の人に遺産を渡したい場合は、「遺贈する」という文言を使います。遺贈には**包括遺贈**と**特定遺贈**の2つがあります。包括遺贈は、目的物を特定せずに、相続財産の全部または一定の割合*（たとえば、10%、30%、50%など）を与えるものです。包括遺贈を受けた包括受遺者には相続人と同一の権利や義務があり、プラスの財産だけでなくマイナスの財産（負債）も遺贈を受けた割合で引き継ぎます。特定遺贈は、与える財産を具体的に特定した遺贈です。

相続人以外に遺贈する場合、受遺者は、氏名、生年月日、住所などで特定します。受遺者の住民票を見ながら正確に記載するとよいでしょう。包括遺贈の場合は、「包括して遺贈する」と包括遺贈であることを明記したほうが望ましいです。

※割合は分数（3分の1など）や歩合（2割など）で記載するケースもある。

遺言執行者を指定しておく

遺贈の場合、不動産登記や預貯金の手続きの際に、遺言者の相続人全員の協力が必要となります（ただし、相続人に対して不動産を遺贈する場合は、受遺者が単独で登記申請が可能）。

遺言執行者がいる場合は、遺言執行者が手続き

できるので、相続開始後、遺言者の相続人全員の協力が得られないことが予想されるのであれば、遺言書で遺言執行者を指定しておいたほうがよいでしょう。遺言執行者がいる場合、遺贈の履行は遺言執行者のみが行えます。

● アドバイス
相続人以外に遺贈の登記をする場合、登記する際の収入印紙（登録免許税）は不動産評価額の2％ですが、相続人に相続登記または遺贈の登記をする場合の登録免許税は不動産評価額の0.4％です。

☑ 相続人以外に包括遺贈する文例

1. 遺言者は、遺言者の有する一切の財産を、高坂陸雄（昭和〇年〇月〇日生、住所：埼玉県東松山市〇〇〇〇）に包括して遺贈する。

2. 遺言者の死亡以前に前記高坂陸雄が死亡していた場合は、遺言者は、遺言者の有する一切の財産を、高坂海子（昭和〇年〇月〇日生、住所：埼玉県東松山市〇〇〇〇）に包括して遺贈する。

3. 遺言者は、この遺言の遺言執行者として前記高坂陸雄を指定する。

4. 前記高坂陸雄が死亡した場合または前記高坂陸雄が遺言執行者に就職しなかった場合は、遺言者は、この遺言の遺言執行者として前記高坂海子を指定する。

相続人以外の場合、氏名、生年月日、住所などで特定する。財産全部を渡したい場合は、「包括して遺贈する」という文言を使う。

遺贈は、遺言者の死亡以前に受遺者が死亡した場合は、効力が生じない。その場合、別の人に遺贈したいのであれば、予備的遺言を記載しておく必要がある。

遺贈の場合、不動産の登記をするには受遺者と遺言者の相続人全員の共同で登記申請をする（ただし、相続人に遺贈する場合は受遺者が単独で登記申請できる）。預貯金も、遺贈の場合は、受遺者と遺言者の相続人全員とで手続きする。遺言執行者がいれば、受遺者と遺言執行者とで不動産の登記や預貯金の手続きができる。

6 自筆証書遺言の変更方法

アドバイス
自筆証書遺言の変更が民法の方式を守らず無効となった場合、変更前の遺言書の記載の通り扱われます。ただし、変更前の記載が判読できない場合、その部分は記載がないものとして扱われます。

書き間違えた場合

自筆証書遺言の文言を変更（削除、加入、訂正）する方法は民法に定められています。具体的には、遺言者自身が、次の通りの方法で変更します。

①変更の場所を指示する
②変更した旨を記載して署名する
③変更した場所に押印する（署名の隣に押印したものと同じハンコを使ったほうがよい）

この方式を守らなかった場合、変更はないものとして扱われます。変更方法が複雑なので、書き間違えたら、初めから書き直すほうが無難です。

変更箇所の表記方法

削除、加入、訂正する際の表記方法は、民法上で決まりがあるわけではありません。

削除、加入、訂正する箇所の具体的な表記方法は、一般的に次のようなものが見受けられます。

①削除：二重線で消す
②加入：〜を記載し、加入する文字を書く
③訂正：文字を二重線で消し、新たな文字を書き入れる

Point
- 自筆証書遺言の訂正方法は民法で定められている
- 訂正方法が複雑なので、書き間違えたら初めから書き直したほうがよい

▼ 自筆証書遺言の訂正例

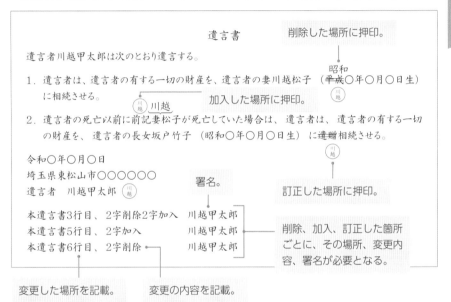

遺言書

削除した場所に押印。

遺言者川越甲太郎は次のとおり遺言する。

1. 遺言者は、遺言者の有する一切の財産を、遺言者の妻川越松子 （~~平成~~昭和〇年〇月〇日生）に相続させる。

加入した場所に押印。

2. 遺言者の死亡以前に前記妻松子が死亡していた場合は、遺言者は、遺言者の有する一切の財産を、遺言者の長女坂戸竹子（昭和〇年〇月〇日生）に~~遺贈~~相続させる。

訂正した場所に押印。

令和〇年〇月〇日
埼玉県東松山市〇〇〇〇〇〇
遺言者　川越甲太郎 ㊞

署名。

本遺言書3行目、2字削除2字加入　　川越甲太郎
本遺言書5行目、2字加入　　　　　　川越甲太郎
本遺言書6行目、2字削除　　　　　　川越甲太郎

削除、加入、訂正した箇所ごとに、その場所、変更内容、署名が必要となる。

変更した場所を記載。　　変更の内容を記載。

Q 遺言書が複数ページのときは何をすればいいの?

A 遺言書が複数ページになった場合は、一体性が明確になるように、ホチキスで綴じて、ページの継目にかかるように契印（割印※と呼ぶ人もいます）しておいたほうがよいでしょう。なお、自筆証書遺言を法務局に預ける場合は、複数ページでもホチキスも契印も不要です。

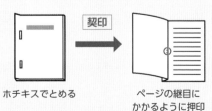

ホチキスでとめる　　契印　　ページの継目にかかるように押印

※割印とは複数の文書にまたがって押印することで、本来は契印とは異なる。

7 自筆証書遺言の目録を パソコンでつくる

財産目録の作成方法

　法改正により、2019年1月13日から、自筆証書遺言に相続財産目録※を添付する場合、その財産目録については手書きしなくてよいことになりました。財産目録をワープロやパソコンで作成することが可能です。ただし、財産目録にはすべてのページに遺言者の署名・押印が必要となります。また、用紙の両面に財産目録を印刷した場合は、両面に署名・押印をしてください。

　実際の活用方法は財産目録に「別紙目録」などと記載し、遺言書の本文で「遺言者は、別紙目録に記載する財産を○○に相続させる」などと目録を引用します。遺言書本文と財産目録は別々の用紙で作成します。一体性が明確になるようにホチキスで綴じて、ページの継目に契印をしましょう。

アドバイス

不動産の登記事項証明書のコピーや預貯金通帳のコピーを財産目録として添付することも可能です。この場合、通帳は金融機関名、支店名、預貯金科目、口座番号等が記載されていて預貯金口座が特定できるページをコピーします。不動産の登記事項証明書や預貯金通帳のコピーにも全部のページに遺言者の署名・押印が必要です。

アドバイス

自筆証書遺言を法務局に預ける場合は本文と財産目録をホチキスで綴じることも、契印することもしません。

☑ 自筆証書遺言に相続財産目録を付ける文例

相続させる対象の財産を引用して指定する。

遺言書の本文と目録はホチキスで綴じ、ページの継目に契印する。

本文は全文を手書きする。

> 1. 遺言者は、遺言者の有する別紙目録第1記載の不動産及び別紙目録第2記載の預金を、遺言者の妻川越松子（昭和○年○月○日生）に相続させる。
>
> 2. 遺言者は、遺言者の有する別紙目録第3記載の不動産及び別紙目録第4記載の貯金を、遺言者の長女坂戸竹子（昭和○年○月○日生）に相続させる。

Point
- 財産目録はパソコンやワープロで作成できる
- 財産目録の全ページに遺言者は署名・押印する
- 登記事項証明書や通帳のコピーを財産目録にできる

☑ 相続財産目録の文例

別紙目録

第1

　　所　　在　　東松山市○○○○
　　地　　番　　○番○
　　地　　目　　宅地
　　地　　積　　150・00㎡

　　所　　在　　東松山市○○○○　　○番地○
　　家屋番号　　○番○
　　種　　類　　居宅
　　構　　造　　木造かわらぶき2階建
　　床 面 積　　1階　60・00㎡
　　　　　　　　2階　60・00㎡

第2

　　○○銀行　○○支店
　　普 通 預 金　　口座番号 XXXXXXX

第3

　　所　　在　　さいたま市○○○○
　　地　　番　　○番○
　　地　　目　　宅地
　　地　　積　　150・00㎡

第4

　　ゆうちょ銀行　通常貯金
　　記号番号 XXXXX-XXXXXXX

　川越甲太郎　㊞

財産目録はパソコンやワープロで作成できる。本文とは別の用紙で作成する。

不動産は登記事項証明書の通り正確に記載する。

目録全ページに署名・押印する。用紙の両面に記載した場合は両面に署名・押印が必要となる。

※自筆証書遺言用の相続財産目録は巻末資料（P.235 参照）からダウンロードできる。

8 複雑な内容の遺言書の作成準備

誰に何を渡すか書き出してみる

個々の財産を相続させる人をそれぞれ指定するような複雑な内容の遺言書をつくる場合、財産を書き出して、それらを相続させる人を記載していきましょう。右ページの遺言書設計シート※のような表をつくって整理していきます。

ある人が遺言者として、不動産や預貯金を妻、長男、長女にそれぞれ相続させる遺言書をつくる場合を例にP.106〜109で説明します。

まずは遺言書設計シートを使い、遺言内容の骨組みを考えましょう。

妻　　遺言者

長女　　長男

孫（長女の長男）　　孫（長男の長男）

Point
- 複雑な内容の遺言書をつくる際は遺言書設計シートを使うとよい
- 誰に何を相続させるか、をきちんと整理する

☑ 遺言書設計シート

財産	①渡す相手	②渡す相手 (①が亡くなっていた場合)	③渡す相手 (①と②が亡くなっていた場合)	備考

「財産」欄には、相続させたい財産を具体的に記載する。

「①渡す相手」欄には、相続させたい相手を記載する。

②と③の「渡す相手」欄には、相続させたい相手が遺言者の死亡以前に亡くなる可能性を考え、次に相続させたい相手を記載する。

必要に応じて、囲み内の事項を記載する。

その他の財産	
祭祀主宰者の指定	
遺言執行者の指定	
貸金庫	□なし　□貸金庫を開ける権限を遺言執行者に与える。　□相続開始時に貸金庫があった場合は、貸金庫を開ける権限を遺言執行者に与える。
遺言の撤回	□過去に遺言書をつくっていない。　□過去の遺言書はすべて撤回する。 □過去の遺言書のことは記載しない。

※遺言書設計シートのひな型は巻末資料（P.235 参照）からダウンロードできる。

遺言書設計シートの記載方法（不動産と預貯金）

● アドバイス
不動産を特定したい場合は、土地は所在と地番を、建物は所在と家屋番号を記載します。

● アドバイス
金融機関名のほか支店名、預金科目、口座番号でも預貯金を特定したい場合は、それらも「財産」欄に記載しましょう。

不動産を相続させる

　自宅不動産を妻に相続させたい場合は、遺言書設計シートの「財産」欄に「自宅不動産」などと記載し、「①渡す相手」欄には「妻」と書きます。遺言者の死亡以前に遺産を渡す相手が亡くなっている可能性を考え、対象財産を渡したい人がいるなら「②渡す相手」欄に記載しておきます。万が一、その人も亡くなっていた場合に備えて、さらに次の人を指定するなら「③渡す相手」欄に記載しましょう。右ページでは「②渡す相手」欄に「長男」「③渡す相手」欄に「孫（長男の長男）」を記載しています。

預貯金を相続させる

　預貯金については、「財産」欄に「預金」または「貯金」と記載して、金融機関名で特定するなら、それも記載します。右ページの例では、「うさぎ銀行」という銀行の預金を長男に相続させ、長男が亡くなっていた場合は孫（長男の長男）に相続させます。また、「ひよこ銀行」という銀行の預金を長女に相続させ、長女が亡くなっていた場合は孫（長女の長男）に相続させたいので、それぞれ右ページのように記載します。すべての預貯金を複数人に割合で相続させるパターンも考えられます。

記載方法を参考にして、遺言書設計シートを書いてみましょう。

Point

● 財産を相続させる人を遺言書設計シートに書く
● 財産を相続させる予定の人が遺言者より先に亡くなっていた場合のことも考えておく

✓ 不動産を相続させる場合

財産	①渡す相手	②渡す相手 （①が亡くなっていた場合）	③渡す相手 （①と②が亡くなっていた場合）	備考
自宅不動産	妻	長男	孫 （長男の長男）	

不動産を特定したい場合は「所在」「地番」「家屋番号」を記載する。

財産を渡す相手を記載する。

財産を渡す人が亡くなっている場合、次に渡す人を指定するなら記載する。

✓ 預貯金を相続させる場合

財産	①渡す相手	②渡す相手 （①が亡くなっていた場合）	③渡す相手 （①と②が亡くなっていた場合）	備考
預金 うさぎ銀行	長男	孫 （長男の長男）		
預金 ひよこ銀行	長女	孫 （長女の長男）		

「預金」または「貯金」と記載。金融機関名（支店名、預金科目、口座番号）で預貯金を特定したいなら記載する。

財産	①渡す相手	②渡す相手 （①が亡くなっていた場合）	③渡す相手 （①と②が亡くなっていた場合）	備考
預貯金すべて	長男 2分の1 長女 2分の1			

渡す相手と割合を記載する。

10 遺言書設計シートの記載方法（その他の財産と各種指定）

アドバイス
相続開始時に祭祀主宰者に指定した人が亡くなっていた場合に備えて、予備的な祭祀主宰者を指定しておくこともできます。

アドバイス
貸金庫を開ける権限を遺言執行者に与えておかないと、相続開始後に貸金庫を開けるのに、相続人全員の立会いや同意書を金融機関に求められるので注意してください。

その他の財産

遺言書に記載してある財産以外の遺産があった場合に、それを相続する人を指定しておくこともできます。遺言書をつくった後に遺言者が財産を新たに取得する可能性があったり、記載する財産に漏れがあったりする可能性もあるので、一般的には指定しておく人が多いです。指定しておく場合は、「その他の財産」欄に記載しておきましょう。

祭祀主宰者・遺言執行者などの指定

遺言書では、仏壇、位牌、墓石、墓地などの祭祀財産を承継する人（祭祀主宰者）を指定することも可能です。指定する場合は、「祭祀主宰者の指定」欄に記載します。

また、遺言執行者を指定する場合は、「遺言執行者の指定」欄に記載しておきます。

貸金庫を契約している場合は「貸金庫」欄の「貸金庫を開ける権限を遺言執行者に与える」にチェックマークを入れましょう。契約していなければ「なし」にチェックマークを入れます。

過去につくった遺言書の有無に応じて「遺言書の撤回」欄に、チェックマークを入れましょう。

Point

- 遺言書をつくった後に財産を取得する可能性や財産の漏れを考えて、その他の財産の承継者を記載する
- 祭祀主宰者・遺言執行者・貸金庫についても記載する

☑ 遺言書に記載してある財産以外の財産を相続させる場合

遺言書に記載する財産に漏れがある
可能性があるので指定するとよい。

財産	①渡す相手	②渡す相手 (①が亡くなっていた場合)	③渡す相手 (①と②が亡くなっていた場合)	備考
その他の財産	妻	長男	孫 (長男の長男)	
祭祀主宰者の指定	長男	孫 (長男の長男)		
遺言執行者の指定	長男	孫 (長男の長男)		
貸金庫	☑なし　□貸金庫を開ける権限を遺言執行者に与える。　□相続開始時に貸金庫があった場合は、貸金庫を開ける権限を遺言執行者に与える。			
遺言の撤回	☑過去に遺言書をつくっていない。　□過去の遺言書はすべて撤回する。 □過去の遺言書のことは記載しない。			

仏壇、位牌、墓石、墓地などの祭祀財産を承継する人を指定できる。

金庫を開ける権限や過去の遺言書について記載する。

遺言執行者の第1候補に支障があった場合、予備的な遺言執行者を指定できる。

☑ 貸金庫の契約や過去につくった遺言書がある場合

貸金庫	□なし　☑貸金庫を開ける権限を遺言執行者に与える。□相続開始時に貸金庫があった場合は、貸金庫を開ける権限を遺言執行者に与える。
遺言の撤回	□過去に遺言書をつくっていない。　☑過去の遺言書はすべて撤回する。 □過去の遺言書のことは記載しない。

撤回しなくても新しくつくった遺言書が過去の遺言書に抵触する場合、抵触する部分は撤回したとみなされる。

将来、貸金庫を契約する可能性がある場合はチェックマークを入れる。

109

11 公正証書遺言の作成手順

アドバイス
遺言書に記載する不動産が漏れていた場合、意図しない人が漏れていた不動産を相続する可能性があります。

アドバイス
不動産の記載漏れを防ぐには役場の税務課※で名寄帳（市区町村内で対象者が所有する不動産の一覧表）を取得します。ただ、非課税物件や共有物件が載らないケースがあります。

アドバイス
法務局で公図という地図を取り、所有する土地が接している道路の地番を調べ、道路の登記事項証明書を取得して所有者を調べる方法があります。近所の人と道路を共有で持っていることが判明することがあります。

アドバイス
2026年2月2日から法務局で自分が所有する不動産の一覧（所有不動産記録証明書）を取得できます。

必要書類を集める

公正証書遺言をつくる際は、遺言者の本人確認をするための印鑑証明書や、相続人や財産を特定するための資料を公証役場に提出します。必要書類については右ページの表を参照してください。ケースによって必要書類が異なることもありますので、具体的には公証役場に確認しましょう。

※東京23区内は都税事務所、一部政令指定都市は市税事務所で取得する。

公証人に相談する

必要書類が集まったら、作成した遺言書設計シートとともに公証役場に持っていき、公証人に相談しましょう。「公証役場　○○県」などと都道府県名を入れてインターネット検索すれば、住所と電話番号の記載された公証役場のリストが見つかります。公証役場に相談に行く際は、事前に電話などで予約しましょう。

相談の際、遺言書設計シートをもとに、どのような遺言書をつくりたいのか説明すれば、公正証書遺言の原稿は公証人が作成してくれます。なお、公証人が原稿を作成するのにある程度の期間が必要ですので、実際に公正証書遺言をつくる日は、原稿が完成してから改めて日程調整を行うことになるでしょう。

- 印鑑証明書、戸籍謄本、財産の資料などを集める
- 集めた資料と遺言書設計シートを公証役場に持っていき、どのような遺言をつくりたいかを説明する

▼ 必要書類一覧

必要書類	備考
遺言者の印鑑証明書	3カ月以内のものが必要。印鑑証明書に代えて、運転免許証、マイナンバーカード等の顔写真付き身分証明書を本人確認資料にすることもできるが、基本的には印鑑証明書を用意する
遺言者と相続人との続柄がわかる戸籍謄本	遺言者と財産を相続させる相続人の戸籍謄本を用意する。甥姪については、それだけでは続柄がわからないかもしれないため、公証人にどのような戸籍謄本を取ればよいか確認する
相続人以外の受遺者の住民票	受遺者が相続人以外の人だった場合、遺言書に住所、氏名、生年月日を正確に記載したいので、住民票があればベスト。住民票が手に入らない場合は公証人に相談する。受遺者が法人の場合は、法人の登記事項証明書を用意する
不動産の登記事項証明書、固定資産評価証明書	遺言書に不動産の表記を正確に記載するため、法務局で登記事項証明書を取る。固定資産評価証明書は、公証人手数料の計算に必要なので、役場の税務課で取る。固定資産税納税通知書で代替できる
通帳のコピー	遺言書に預貯金を特定して記載する場合は、通帳のコピーを用意する。表紙と、表紙の裏の支店名、預金科目、口座番号の記載されている部分をコピーすればよい。公証人手数料を計算するため、最終残高がわかるページもコピーしておく
株式、投資信託の資料	遺言書に株式や投資信託なども記載したい場合は、内容のわかる書類をコピーする。証券会社などから定期的に送られてくる報告書などをコピーする
証人や遺言執行者の住民票	証人2人を自分で用意する場合は、正確な住所、氏名、生年月日を記載するため、証人の住民票を用意する。相続人や受遺者以外の人を遺言執行者に指定する場合は、同様に遺言執行者の住民票を用意する

☑ 公正証書遺言の文例

遺言者の口述した遺言内容を公証人が原稿にして作成する。自分で公証役場に行く場合は、全国どこの公証役場でも作成できるが、公証人に出張してもらう場合は、その出張先の都道府県内の公証役場を選ぶ必要がある。

令和○年第○○号

遺言公正証書

本職は遺言者川越甲太郎の嘱託により、後記証人の立会いのもと、次のとおり遺言者の口述を筆記して、この証書を作成する。

第1条　遺言者は、遺言者の有する下記不動産を、遺言者の妻川越松子（昭和○年○月○日生）に相続させる。

記

不動産を妻に相続させる条項。

（1）所　　在　東松山市○○○○
　　　地　　番　○番○
　　　地　　目　宅地
　　　地　　積　150・00 ㎡

（2）所　　在　東松山市○○○○　○番地○
　　　家屋番号　○番○
　　　種　　類　居宅
　　　構　　造　木造かわらぶき2階建
　　　床面積　1階　60・00 ㎡
　　　　　　　　2階　60・00 ㎡

妻が死亡していた場合の予備的遺言。

第2条　遺言者の死亡以前に前記妻川越松子が死亡していた場合は、遺言者は、第1条で前記妻川越松子に相続させるとした財産を、遺言者の長男川越一郎（昭和○年○月○日生）に相続させる。ただし、遺言者の死亡以前に前記妻川越松子及び前記長男川越一郎の両名が死亡していた場合は、遺言者は、第1条で前記妻川越松子に相続させるとした財産を、遺言者の孫（前記長男川越一郎の長男）川越夏郎（平成○年○月○日生）に相続させる。

第3条　遺言者は、遺言者の有する下記金融機関に存在する預金を前記長男川越一郎に相続させる。

記

預金を長男に相続させる条項。

長男が死亡していた場合の予備的遺言。

うさぎ銀行

第4条　遺言者の死亡以前に前記長男川越一郎が死亡していた場合は、遺言者は、第3条で前記長男川越一郎に相続させるとした財産を、前記孫川越夏郎に相続させる。

第5条　遺言者は、遺言者の有する下記金融機関に存在する預金を遺言者の長女坂戸竹子（昭和○年○月○日生）に相続させる。

記

ひよこ銀行

第6条　遺言者の死亡以前に前記長女坂戸竹子が死亡していた場合は、遺言者は、第5条で前記長女坂戸竹子に相続させるとした財産を、遺言者の孫（前記長女坂戸竹子の長男）坂戸七雄（平成○年○月○日生）に相続させる。

第7条　遺言者は、前各条に記載する財産を除く遺言者の有する手元現金、動産その他一切の財産を前記妻川越松子に相続させる。

第8条　遺言者の死亡以前に前記妻川越松子が死亡していた場合は、遺言者は、第7条で前記妻川越松子に相続させるとした財産を、前記長男川越一郎に相続させる。ただし、遺言者の死亡以前に前記妻川越松子及び前記長男川越一郎の両名が死亡していた場合は、遺言者は、第7条で前記妻川越松子に相続させるとした財産を、前記孫川越夏郎に相続させる。

第9条　遺言者は、祖先の祭祀を主宰すべき者として、前記長男川越一郎を指定する。ただし、遺言者の死亡以前に前記長男川越一郎が死亡していた場合は、遺言者は、祖先の祭祀を主宰すべき者として、前記孫川越夏郎を指定する。

第10条　遺言者は、この遺言の遺言執行者として前記長男川越一郎を指定する。ただし、前記長男川越一郎が死亡した場合または前記長男川越一郎が遺言執行者に就職しなかった場合は、遺言者は、この遺言の遺言執行者として前記孫川越夏郎を指定する。

2　遺言者は、遺言執行者に対し、次の権限を授与する。
（1）預貯金その他の相続財産の名義変更、解約及び払戻し
（2）その他この遺言の執行に必要な一切の行為をすること

3　遺言執行者は、この遺言の執行に関し、第三者にその任務を行わせることができる。

祭祀主宰者を指定する条項。

（以下略）

漏れていた財産を相続する人を指定する。

民法で「就職」と表記されている。

遺言執行者を指定する条項。「2」は第10条第2項、「3」は第10条第3項を表している。第1項については「1」と記載しない公証人が多い。

付言事項として、メッセージを残すこともできる。その場合、付言事項は末尾に記載することが多い。

遺言書とエンディングノートの違い

　遺言書は、遺言者が亡くなったときに、遺産をどのように分けるか指定したり、財産を遺贈したりするなど法律的な効力を発生させるものです。作成方法も民法に定められている方式を守らなければなりません。これに対してエンディングノートは、法律的な効力は発生しませんが、自分が亡くなったり、倒れたりした場合などに家族や周りの人が困らないように、財産や自分自身の情報を記しておくものです。書き方も自由で、市販のエンディングノートを買う人もいますし、自分がすでに持っているノートに必要な情報を書き込んでいく形でも差し支えありません。

　記載する内容として、まず健康状態に関することが考えられます。かかりつけ医、病歴、服用している薬などを書いておくと、万が一倒れたとき、周りの人の役に立ちます。自分の持っている預貯金、不動産、株式、投資信託、保険に関する情報も書いておくとよいでしょう。遺言書をつくった場合でも、「遺言者の有する一切の財産を○○に相続させる」などと個々の財産を特定しないケースもあります。このようなときに、別途、エンディングノートで金融機関名や不動産の所在地番などがわかるようにしておくと、相続手続きの漏れを防ぐことができます。またクレジットカード、借金、保証人、サブスクリプション契約の情報もまとめておくとよいでしょう。家族や友人の連絡先を記載しておくことも考えられます。緊急事態や葬儀の際に連絡すべき人がわかると、家族や周りの人の助けになります。

　延命治療についても、家族が医師から判断を求められることがありますので、自分の希望を書いておくとよいでしょう。

第 4 章

ケース別の遺言書の文例

遺言書は家族の状況や遺言内容によって、書き方が変わります。
ご自身の状況に当てはまる文例を参考に、
正しい遺言書を書けるようにしましょう。

遺言書で希望を叶える

1 不動産を相続させる

● 用語解説
登記事項証明書
土地や建物ごとに法務局で登記されている所有者などの情報を証明する書類。

● アドバイス
法務局で登記事項証明書を取るには、申請書に不動産の所在地番、家屋番号を記載します。毎年4月～6月ごろに送られてくる固定資産税納通知書に載っています。また、市区町村役場の税務課（東京23区内は都税事務所、一部政令指定都市は市税事務所）で名寄帳を取れば、これらの情報が記載されています。

● アドバイス
登記事項証明書を取る際に、共同担保目録付きで請求すると、担保に入っているほかの不動産が判明することがあります。共同担保目録「全部（抹消含む）」にチェックマークを入れて請求すると、すでに抹消された共同担保目録も交付されます。

全部の不動産を1人に相続させる

　相続開始時に、遺言者の持っているすべての不動産を1人の相続人に相続させるなら、遺言書には不動産を特定せずに「遺言者の有する一切の不動産」と記載することも考えられます。不動産を詳細に記載して間違えてしまった場合、相続登記ができない可能性があるからです。

　また、「一切の不動産」という記載であれば、遺言者が遺言書作成後に新たに購入した不動産があった場合、それも含まれることになります。

土地建物を特定して相続させる

　不動産を特定して遺言書に記載したい場合は、法務局で**登記事項証明書**を取って、登記事項証明書の通り正確に記載しましょう。不正確な表記だった場合、将来、相続登記ができない可能性があります。

　なお、固定資産税納税通知書や固定資産評価証明書に記載されている不動産の表記は、未登記の増築部分がある等の理由で、登記事項証明書とは少し違っている場合があるので注意してください。

Point

● 不動産を特定して記載する場合は、登記事項証明書の通り
正確に記載する
● 登記事項証明書は法務局で取得できる

☑ 全部の不動産を1人に相続させる文例

「遺言者の有する一切の不動産」と記載すれば、相続開
始時に遺言者が持っているすべての不動産が対象となる。

第○条　遺言者は、遺言者の有する一切の不動産を、遺言者の長男川越一郎
（昭和○年○月○日生）に相続させる。

相続人に対しては、基本的に「相続
させる」という文言を使用する。

☑ 土地建物を特定して相続させる文例

第○条　遺言者は、遺言者の有する下記不動産を、遺言者の長男川越一郎（昭
和○年○月○日生）に相続させる。

記

所	在	東松山市○○○○
地	番	○番○
地	目	宅地
地	積	150・00 ㎡

相続人は続柄、氏名、生年
月日などで特定。2回目以
降は「前記○○」と記載す
ればよい。

第○条　遺言者は、遺言者の有する下記不動産を、遺言者の妻川越松子（昭
和○年○月○日生）に相続させる。

記

所	在	東松山市○○○○　○番地○
家屋番号		○番○
種	類	居宅
構	造	木造かわらぶき2階建
床面積		1階　60・00 ㎡
		2階　60・00 ㎡

「下記建物及び下記建物内
に存する一切の動産を」と
記載すれば、建物内の家財
道具などの動産も一緒に相
続させられる。

不動産を特定して相続させ
る場合、登記事項証明書を
取得し、正確に記載する。

マンションを相続させる

区分建物とは

ビルやマンションの一室のように、一棟の建物のうち構造的に独立した部分で住居、店舗、事務所などに使えるものを区分建物と言います。

区分建物を特定して遺言書に記載する場合は、法務局で登記事項証明書を取り、一棟の建物の表示、専有部分の建物の表示、**敷地権**の目的である土地の表示、敷地権の表示を登記事項証明書の通りに記載しましょう。

敷地権の表示がない場合

区分建物の登記事項証明書に敷地権に関する記載がない場合は、土地の登記事項証明書を取得してみましょう。土地に共有者として登記されていれば、土地についても遺言書に記載します。

マンションの規約共用部分

マンションの評価証明書や名寄帳を取ると、集会所、管理人室、ポンプ室、ゴミ置場、駐車場などの家屋番号が記載されていることがあります。この場合、念のため、それらの登記事項証明書を取ってみましょう。登記事項証明書に「○年○月○日規約設定　共用部分」などと記載があれば問題ありません。記載がない場合は、それらの物件を持分で所有しているかどうか登記事項証明書の「権利部（甲区）（所有権に関する事項）」欄を確認します。持分で所有していたら、それらの物件も遺言書に記載しましょう。

Point
- マンションの一室などのように構造上独立して住居などに使えるものを区分建物という
- 区分建物の敷地権の有無を登記事項証明書で確認する

第**4**章 ケース別の遺言書の文例

☑ 区分建物（敷地権登記あり）を相続させる文例

第○条　遺言者は、遺言者の有する下記不動産を、遺言者の長女坂戸竹子（昭和○年○月○日生）に相続させる。

記

（一棟の建物の表示）
　　所　　　　在　　東松山市○○○○　○番地○
　　建物の名称　　○○マンション
（専有部分の建物の表示）
　　家屋番号　　　○○○○　○番○の○○
　　建物の名称　　○○
　　種　　　類　　居宅
　　構　　　造　　鉄筋コンクリート造1階建
　　床　面　積　　○階部分　60・00㎡
（敷地権の目的である土地の表示）
　　土地の符号　　1
　　所在及び地番　東松山市○○○○番○
　　地　　　目　　宅地
　　地　　　積　　400・00㎡
（敷地権の表示）
　　土地の符号　　1
　　敷地権の種類　所有権
　　敷地権の割合　1万分の125

区分建物の場合は、「一棟の建物の表示」「専有部分の建物の表示」「敷地権の目的である土地の表示」「敷地権の表示」を登記事項証明書の通り正確に記載する。

建物の登記事項証明書に敷地権に関する情報が記載されていない場合は、土地の登記事項証明書も取得する。

敷地権登記なしで土地を所有している場合

敷地権の登記がなく土地を持分で所有している場合は、区分建物の「一棟の建物の表示」と「専有部分の建物の表示」を記載し、土地の「所在」「地番」「地目」「地積」「遺言者の持分」を記載します。

不動産を複数の相続人に共有で相続させる

●アドバイス
遺言者が有している不動産の持分割合を確認するには、不動産の登記事項証明書を取ります。登記事項証明書の権利部（甲区）に所有者の住所氏名が載っており、そこに持分割合も記載されています。

不動産を持分割合で相続させる

特定の不動産を複数の相続人に一定の割合で相続させるケースがあります。

このようなケースの遺言書の書き方は、不動産を「Aに3分の2、Bに3分の1の持分割合で相続させる」「AとBに各2分の1の割合で相続させる」などとすることが考えられます。

なお、1つの不動産を複数人の共有で持っていると、相続を繰り返すことによって共有者が大人数になり、収拾がつかなくなる可能性があります。

そのため不動産を共有で相続させるのは、なるべく避けたほうがよいでしょう。

遺言者が所有しているのが不動産の持分だった場合

遺言者が不動産の持分を持っている場合、遺言書の不動産の表示には持分割合を記載しておきましょう。

ただし、遺言書をつくった後に、遺言者がさらに持分を取得する可能性もあります。

増えた持分も同じ相続人に相続させたいなら、遺言書には「その有する権利が持分であるときは持分の全部」「遺言者の現在持分○分の○」と記載します。

Point
- 不動産を複数の相続人に一定の割合で相続させることも可能
- 不動産を持分で持っている場合は持分割合を記載する
- 持分が増えることを想定して遺言書を残せる

☑ 不動産を持分割合で相続させる文例

第○条　遺言者は、遺言者の有する下記不動産を、遺言者の長男川越一郎（昭和○年○月○日生）に3分の2、遺言者の長女坂戸竹子（昭和○年○月○日生）に3分の1の持分割合で相続させる。

記
所　　在　　東松山市○○○○
地　　番　　○番○
地　　目　　宅地
地　　積　　150・00㎡

それぞれの持分割合を記載する。

☑ 不動産の持分を相続させる文例

第○条　遺言者は、遺言者の有する下記不動産（その有する権利が持分であるときは持分の全部）を、遺言者の長男川越一郎（昭和○年○月○日生）に相続させる。

記
所　　在　　東松山市○○○○
地　　番　　○番○
地　　目　　宅地
地　　積　　150・00㎡
（遺言者の現在持分2分の1）

遺言書作成時の遺言者が有している持分割合を記載する。

遺言書作成後に遺言者の持分が増えた場合は、増えた分も含むことになる。

4 未登記建物を相続させる

○ 用語解説
表題登記
登記がされていない土地や建物の不動産表記簿の「表題部」を初めて作成する登記。建物の表題部には所在、家屋番号、種類、構造、床面積等が登記される。

建物が登記されていないことがある

　建物を建築した際、本来、建築後 1 カ月以内に**表題登記**をしなければなりません。建築代金を金融機関から借りた場合は、担保設定登記をする関係上、建物の表題登記と所有権保存登記をしているでしょう。しかし、建築代金を借り入れずに自己資金で払った場合、建築会社が何も言わないと、登記しなければいけないことを知らずに建物が未登記のままとなっているケースもあります。

　未登記建物は登記されていないので、登記事項証明書が存在しません。遺言書をつくる際、未登記建物の記載を漏らさないように注意しましょう。未登記建物は市区町村役場で取れる固定資産評価証明書や名寄帳に載っています。

増築部分が未登記の建物もある

　建物を新築した際は登記しているが、その後、増築した際に増築の登記をしていないケースもあります。この場合、固定資産評価証明書と登記事項証明書の床面積が違うことで、増築部分が未登記であると気付くでしょう。遺言書には、未登記の増築部分も含めて建物を相続させる旨を明記しておいたほうが、相続開始後に増築登記をする場合は手続きがスムーズになります。

固定資産評価証明書や名寄帳は、東京 23 区の場合は都税事務所で、一部政令指定都市の場合は市税事務所で取得できます。

124

Point
● 未登記建物や未登記の増築部分がある場合も遺言書に明記
しておく
● 登記事項証明書がない未登記建物の記載を忘れない

第
4
章

ケース別の遺言書の文例

☑ 未登記建物を相続させる文例

第○条　遺言者は、遺言者の有する下記不動産を、遺言者の長男川越一郎（昭
　　和○年○月○日生）に相続させる。

記

　　所　　在　　東松山市○○○○　　○番地○

　　家屋番号　　未登記

　　種　　類　　居宅

　　構　　造　　木造かわらぶき2階建

　　床　面　積　　1階　　60・00㎡

　　　　　　　　　2階　　60・00㎡

（上記建物は未登記のため、令和○年○月○日付け東松山市長○○作
成の固定資産評価証明書により、家屋の所在等を特定した。）

> 未登記建物には家屋番号が存在しない。

> 未登記建物は登記事項証明書がないので、固定資産評価証明書の表記で物件を特定し、その旨を記載する。

☑ 建物に未登記の増築部分がある場合の文例

第○条　遺言者は、遺言者の有する下記不動産を、遺言者の長男川越一郎（昭
　　和○年○月○日生）に相続させる。

記

　　所　　在　　東松山市○○○○　　○番地○

　　家屋番号　　○番○

　　種　　類　　居宅

　　構　　造　　木造かわらぶき2階建

　　床　面　積　　1階　　60・00㎡

　　　　　　　　　2階　　60・00㎡

上記建物の増築部分（未登記）を含む。

> 登記事項証明書の床面積と固定資産評価証明書の床面積が異なる場合、建物に未登記の増築部分がある可能性がある。将来、増築の登記をする際にスムーズに行えるよう、未登記の増築部分も含めて相続させる旨を記載する。

125

5 アパートローンを承継させる

🔵 アドバイス

住宅ローンの場合は、団体信用生命保険に加入していることが多いです。この保険に加入している場合、債務者（住宅の所有者）が亡くなると保険金が金融機関に支払われ、住宅ローンが完済されます。

債務の承継について遺言する

アパートローンが残っている賃貸物件を持っている父親がいたとします。この賃貸物件を長男に相続させて、アパートローンも長男に払わせたいときに、遺言書で債務の承継について指定しておくこともできます。

また、アパートローンに限定せず、遺言者のすべての債務を承継させることも可能です。

債権者は法定相続分の割合で各相続人に請求できる

遺言書で債務の承継について指定してあったとしても、債権者は各法定相続人に法定相続分の割合に従って、請求をすることができます。

遺言書で債務を承継・負担する人の指定があったとしても、その人が支払わなければ、ほかの相続人は法定相続分の割合に応じて債権者から請求される可能性があるので注意が必要です。

なお、ほかの相続人が債権者に弁済した場合、その相続人は遺言で債務を承継するとされた人に対して、弁済した分についての返還を求めることができます。

将来、相続税の申告が必要になる場合、誰に債務控除をさせるか考えながら、債務の承継者を決めましょう。

Point
- 遺言で債務を承継する者を指定することができる
- 債権者は各相続人に対して法定相続分の割合で請求することもできる

▽ アパートローンを承継させる文例

第○条　遺言者は、遺言者の有する下記不動産を、遺言者の長男川越一郎（昭和○年○月○日生）に相続させる。

記

所　　　在　東松山市○○○○
地　　　番　○番○
地　　　目　宅地
地　　　積　150・00㎡

所　　　在　東松山市○○○○　　○番地○
家 屋 番 号　○番○
種　　　類　共同住宅
構　　　造　木造かわらぶき2階建
床 面 積　1階　60・00㎡
　　　　　　2階　60・00㎡

第○条　前条に記載する不動産を相続する負担として、同不動産に担保権が設定されている場合、その被担保債務を前記長男川越一郎に承継させる。

不動産に設定されている抵当権等が担保する債務を長男に承継させる文例。

▽ 一切の債務を承継させる文例

第○条　遺言者は遺言者の負担する一切の債務を、遺言者の長男川越一郎（昭和○年○月○日生）に承継させる。

6 将来取得する予定の不動産を相続させる

将来取得する予定の財産を考える

　ある夫婦が同時に遺言書をつくろうとしていたとします。妻は、将来、夫から相続する可能性がある財産を、自分の遺言書に記載することができるでしょうか。

　遺言書は相続開始時に持っている財産を誰に相続させる（または遺贈する）かを指定するものなので、将来、取得する予定の財産についても遺言書に記載することができます。

将来取得する予定の財産の記載方法

　妻の遺言書の例として、「遺言者の有する一切の財産を○○に相続させる」と記載すれば、遺言書作成後に夫から相続した財産があった場合、その財産も含まれることになります。

　また、夫から相続した財産のうち特定のものだけを対象としたいのであれば「遺言者が、遺言者の夫○○から、下記財産を取得していた場合は、当該財産を○○に相続させる」などと記載します。

　なお、夫から相続したもののうち不動産だけを対象としたい場合、「遺言者の有する一切の不動産を○○に相続させる」と記載すれば、妻がもとから持っている不動産も含めて指定した人に相続させることができます。

複数の相続人に別々の財産を相続させる場合は、財産を特定して記載しましょう。

Point
- 将来取得する予定の財産は遺言書に記載できる
- 「遺言者の有する一切の財産」と記載すれば、将来取得予定の財産も含まれる

☑ 将来取得する予定の不動産を相続させる文例

遺言書作成時には有していないけれども、不動産を取得していることを条件として、その不動産を長男に相続させる文例。

第○条　遺言者が、遺言者の夫川越甲太郎から、下記不動産の所有権を取得していた場合は、当該不動産を、遺言者の長男川越一郎（昭和○年○月○日生）に相続させる。

記

東松山都市計画事業○○土地区画整理事業区域内の次の土地
（従前の土地の表示）
　　　所　　在　　東松山市○○○○
　　　地　　番　　○番○
　　　地　　目　　宅地
　　　地　　積　　150・00㎡
（仮換地の表示）
　　　東松山都市計画事業○○土地区画整理
　　　街区番号　　○○
　　　画地番号　　○○
　　　地　　積　　110・00㎡

土地の中には区画整理事業の期間中で仮換地※の指定が行われているケースがある。この場合の不動産の表記は、登記事項証明書を見て従前の土地の表示を記載し、仮換地指定通知などを見て仮換地の表示を記載する。

※土地区画整理事業中、従前の土地の代わりに使用できるよう、仮として割り当てられた土地。

建物とその敷地の借地権を相続させる

借地権は「相続させる」の文言を使う

　建物を建てるため、ほかの人から土地を借りている場合があります。この権利を**借地権**と言います。相続人に建物と、その敷地の借地権を承継させたい場合、遺言書には「相続させる」という文言を使います。「遺贈する」という文言を使うと、賃貸人の承諾が必要となってしまうので注意しましょう。

　相続人以外の人に建物と借地権を承継させたい場合は、「遺贈する」という文言を使います。

　借地権の譲渡には賃貸人の承諾が必要なので、借地権を特定遺贈した場合、相続開始後に賃貸人の承諾を得なければなりません。この場合、賃貸人から承諾料を要求されることになるでしょう。

借地権の契約書を相続人が発見できるようにしておく

　借地権の契約は長期に渡って継続しますから、その契約内容がわからなくなることがあります。相続などにより承継した場合は、なおさらです。

　借地権の契約書が現存している場合は、相続開始後、相続人が気付くように保管しましょう。契約書が現存しない場合は、生前に、賃貸人と契約書をつくり直すとよいかもしれません。

Point

● 借地権の承継には、「相続させる」という文言を使う
● 借地権の譲渡には賃貸人の承諾が必要となる
● 借地権の契約書は相続人が気付けるように保管する

☑ 建物と借地権を相続させる文例

第○条　遺言者は、遺言者の有する下記建物及び借地権を、遺言者の長男川越一郎（昭和○年○月○日生）に相続させる。

記

（1）建物
　　所　　在　東松山市○○○○　○番地○
　　家屋番号　○番○
　　種　　類　居宅
　　構　　造　木造かわらぶき2階建
　　床面積　1階　60・00㎡
　　　　　　 2階　60・00㎡

（2）借地権
　　上記建物の敷地である次の土地に対する借地権
　　所　　在　東松山市○○○○
　　地　　番　○番○
　　地　　目　宅地
　　地　　積　150・00㎡
　　賃 貸 人　高坂陸雄（住所：埼玉県東松山市○○○）

建物の敷地が借地権であるケースにおいて、建物と借地権を承継させる場合、特定遺贈だと賃貸人の承諾が必要になってしまうので、「相続させる」という文言を使う。

131

8 特定の銀行口座の預貯金を相続させる

○アドバイス
各相続人に相続させる預貯金を口座番号で特定する方法の場合、遺言書作成後に、各口座の残高を増減することにより、最終的に相続させる金額を調整することもできます。

全部の預貯金を1人に相続させる

　相続開始時に、遺言者の預貯金をすべて1人の相続人に相続させるなら、預貯金を特定せずに、「遺言者の有する一切の預貯金」と遺言書に記載することも考えられます。このような記載なら、遺言者が遺言書作成後に新たに作成した預貯金口座があった場合、それも含まれることになります。

口座を特定して相続させる

郵政民営化前に預けた通常郵便貯金と通常貯蓄貯金は、ゆうちょ銀行に引き継がれました。

　各相続人に相続させる預貯金を、金融機関名、支店名、預金科目、口座番号で特定して指定することも可能です。なお、遺言書に預貯金の残高は記載しません。遺言書をつくった後に残高に変動があるケースも多いですし、記載してしまうと、預貯金のうち記載された金額のみを相続させる趣旨であると解釈されるおそれがあるからです。

郵政民営化前に預けた貯金

郵政民営化前（2007年9月30日以前）に預けた定額郵便貯金、定期郵便貯金および積立郵便貯金は、独立行政法人郵便貯金簡易生命保険管理・郵便局ネットワーク支援機構に引き継がれていますが、すべて満期を過ぎています。満期後20年2カ月が経つと、払戻しが受けられなくなるので注意してください。心あたりがある場合は、郵便局の貯金窓口に申出ましょう。

Point
- 預貯金は金融機関名、支店名、預金科目、口座番号で特定することもできる
- 遺言書に預貯金残高は記載しない

☑ 全部の預貯金を1人に相続させる文例

「遺言者の有する一切の預貯金」と記載すれば、相続開始時に遺言者が持っているすべての預貯金が対象となる。

第○条　遺言者は、遺言者の有する一切の預貯金を、遺言者の長男川越一郎（昭和○年○月○日生）に相続させる。

「遺言者の有する預貯金その他一切の金融資産」と記載すれば、預貯金だけでなく、株式、投資信託、国債などすべての金融資産が対象となる。

☑ 口座番号で特定して相続させる文例

第○条　遺言者は、遺言者の有する下記預貯金を、遺言者の長男川越一郎（昭和○年○月○日生）に相続させる。

記

（１）うさぎ銀行　　○○支店　　普通預金
　　　口座番号XXXXXXX
（２）ゆうちょ銀行　通常貯金
　　　記号番号XXXXX－XXXXXXXX

金融機関によって「預金」の場合と「貯金」の場合がある。通帳などの記載を見てどちらの文言を使うか確認する。両方を含む表現なら「預貯金」を使用する。

第○条　遺言者は、遺言者の有する下記預貯金を、遺言者の長女坂戸竹子（昭和○年○月○日生）に相続させる。

記

（１）うさぎ銀行　　○○支店　　定期預金
　　　口座番号YYYYYYY
（２）ゆうちょ銀行　定期貯金
　　　記号番号YYYYY－YYYYYYYY

金融機関名、支店名、預金科目、口座番号で預貯金を特定する場合は、通帳などを見て正確に記載する。残高は記載しない。

9 特定の金融機関にある すべての預貯金を相続させる

● アドバイス

各相続人に相続させる預貯金を金融機関名で特定する方法の場合、遺言書作成後に、各金融機関の残高を増減することにより、最終的に相続させる金額を調整することもできます。

金融機関名で特定する

　各相続人に相続させる預貯金を金融機関名で特定して指定することも可能です。

　定期預金が満期となって同じ金融機関の普通預金に入金されることもありますが、金融機関名で特定すれば、その金融機関のすべての預貯金口座が対象ということになります。

　この方法による遺言書は「遺言者の有する下記金融機関に存在する預貯金を、○○に相続させる」と記載し、対象とする金融機関名を挙げます。

金融機関にあるすべての 金融資産を相続させたいとき

　金融機関には預貯金以外の金融資産もある場合があります。出資金、投資信託、株式、国債などです。これらも含めて相続させたい場合は、「預貯金、出資金、投資信託受益権、株式、国債その他一切の金融資産」と記載します。

　信用金庫や農協と取引している場合、預貯金のほかに出資金もあるケースがあるので、注意しておきましょう。

　銀行でも預貯金のほかに投資信託や国債の取引をしているケースがあります。

金融機関名は合併などで変わっている場合があります。手元にある通帳が古いものの場合は、その金融機関のホームページなどで名前が変わっていないかを確認しましょう。

● 金融機関名で特定すれば定期の満期にも対応できる
● 預貯金以外の金融資産もあるなら「その他一切の金融資産」
　と遺言書に記載しておく

☑ 金融機関名で特定して相続させる文例

第○条　遺言者は、遺言者の有する下記金融機関に存在する預金を、遺言者
　　の長男川越一郎（昭和○年○月○日生）に相続させる。
　　　　　　　　　　　　　　記
　　（1）うさぎ銀行
　　（2）ひよこ銀行 ──── 残高は記載しない。

第○条　遺言者は、遺言者の有する下記金融機関に存在する預貯金を、遺言
　　者の長女坂戸竹子（昭和○年○月○日生）に相続させる。
　　　　　　　　　　　　　　記
　　（1）かえる銀行
　　（2）ゆうちょ銀行

☑ 預貯金以外の金融資産も相続させる文例

「預貯金、○○その他一切の金融資産」と記載すれば、記載
した金融機関で扱っている金融資産はすべて対象となる。

第○条　遺言者は、遺言者の有する下記金融機関に存在する預貯金、出資金、
　　投資信託受益権、株式、国債その他一切の金融資産を、遺言者の長男川越
　　一郎（昭和○年○月○日生）に相続させる。
　　　　　　　　　　　　　　記
　　（1）うさぎ銀行
　　（2）パンダ信用金庫
　　（3）タヌキ証券
　　（4）その他一切の金融機関 ──── 「（4）その他一切の金融機関」
　　　　　　　　　　　　　　　　　　と加えれば、漏れていた金融機
　　　　　　　　　　　　　　　　　　関や遺言書作成後に取引を始め
　　　　　　　　　　　　　　　　　　た金融機関も対象となる。

10 遺言執行者を指定する

● アドバイス
2019年7月1日以降
にされた特定の預貯金
を相続人に相続させる
遺言については、遺言
執行者が預貯金の払戻
しの請求と解約の申入
れを行えます。

● アドバイス
遺言書に「遺言者は、
この遺言の遺言執行者
の指定を、○○○○に
委託する」と記載すれ
ば、第三者に遺言執行
者を指定委託できます。

遺言執行者の必要性の検討

　遺言書をつくっていたとしても、実際の相続や遺贈の手続きの際に遺言者の相続人全員の協力が必要になるケースがあります(下記表参照)。

　このようなケースで、遺言者の相続人全員の協力が得られない可能性があるときは、遺言書で遺言執行者を指定しておくことも検討しましょう。遺言執行者がいる場合は、遺贈の履行は遺言執行者のみが行うことができますので、受遺者と遺言執行者とで手続きすることになります。

　なお、遺言執行者には家族、相続人、受遺者などを指定することも可能です。

☑ 相続・遺贈手続きに相続人全員の協力が必要となるケース

受遺者等	不動産を相続させる	預貯金を相続させる	不動産を遺贈する	預貯金を遺贈する
相続人	単独で手続き可	単独で手続き可。ただし、金融機関によっては相続人全員で手続きする	単独で手続き可	受遺者と相続人全員で手続き
相続人以外	―	―	受遺者と相続人全員で手続き	受遺者と相続人全員で手続き

Point
- 遺言書で遺言執行者を指定できる
- 相続人全員の協力が必要な手続きがある場合は、遺言執行者を指定しておく

✓ 遺言執行者を指定する文例

遺言執行者を指定する文例。長男が遺言執行者にならなかった場合の予備的遺言執行者として孫を指定している。

第〇条　遺言者は、この遺言の遺言執行者として前記長男川越一郎を指定する。ただし、前記長男川越一郎が死亡した場合または前記長男川越一郎が遺言執行者に就職しなかった場合は、遺言者は、この遺言の遺言執行者として前記孫川越夏郎を指定する。

民法で「就職」と表記されている。

2　遺言者は、遺言執行者に対し、次の権限を授与する。

（1）預貯金その他の相続財産の名義変更、解約及び払戻し

（2）その他この遺言の執行に必要な一切の行為をすること

3　遺言執行者は、この遺言の執行に関し、第三者にその任務を行わせることができる。

預貯金に関する特定財産承継遺言の場合と民法上、遺言執行者が払戻しの請求と解約の申入れをすることができる。ただし、遺贈の場合と預貯金以外の金融資産の場合、預貯金の名義変更の場合などについては民法に規定されておらず、遺言の解釈によることとなる。これらの場合も遺言執行者に相続財産の名義変更、解約、払戻しを行わせたいときは、遺言執行者の権限として遺言書に明記しておく。

第三者に遺言執行の任務を行わせる

法改正以前は、遺言書で許可しなければ、遺言執行者は、やむを得ない事由がないと第三者に遺言執行の任務を行わせることができませんでした。改正により、2019年7月1日以降に作成した遺言書であれば、やむを得ない事由がなくても、遺言執行者の責任で第三者に遺言執行の任務を行わせることが可能になりました。上記の文例の3つ目の条項は入れなくても第三者に任務を任せられますが、わかりやすいように記載しておくこともあります。

11 遺言執行者に預貯金を分配させる

金融資産をお金にして分配する

　金融機関名や口座番号で預貯金を特定して、各相続人に相続させる預貯金を指定する方法だと、遺言書作成後の残高の増減により最終的に相続する金額が変わってしまいます。

　一方、相続開始時の残高を、割合を決めて分配する方法もあります。

　まず相続が開始したら、遺言者の預貯金を遺言執行者に払戻しさせます。そしてたとえばその払戻金を、妻に2分の1、長男に4分の1、長女に4分の1というような割合で遺言執行者に分配させるのです。

　なお、家族を遺言執行者に指定することもできます。士業や信託銀行などに遺言執行者を頼まなければ、その分、費用を節約できます。

遺言執行者は相続開始後、遺言の内容を相続人に通知したり、財産目録を作成して相続人に交付したりするなどの義務があります。

払戻金から遺言者の債務などを払い 残ったお金を分配する

　払戻した預貯金から遺言者の債務、葬儀・埋葬費用、遺言執行費用などを支払い、残ったお金を相続人で分配する方法もあります。

　支払いを先に済ませてから分配するため、債務や葬儀費用を誰が負担するかでもめるのを防ぐことができます。

● 預貯金を遺言執行者が払戻して、払戻金を相続人に分配することもできる
● 家族を遺言執行者に指定することもできる

☑ 遺言執行者が預貯金を払戻して分配する文例

遺言執行者が預貯金等の解約・払戻しを受けて、債務、葬儀・埋葬費用、遺言執行費用を払った後の残金を各相続人に分配する文例。

第○条　遺言者は、遺言者の有する下記（1）記載の金融機関に存在する預貯金その他一切の金融資産を、遺言執行者において換価処分し、その換価金から遺言者の一切の債務を弁済し、かつ、遺言者の葬儀・埋葬費用、遺言執行の費用を控除した後の残金を、下記（2）記載の相続人に対し、それぞれに記載する割合で相続させる。

記

（1）金融機関
　　　①うさぎ銀行
　　　②ゆうちょ銀行
　　　③その他一切の金融機関 ●────── 「その他一切の金融機関」と記載すると漏れていた金融機関も対象となる。
（2）相続人及び割合
　　　①遺言者の妻川越松子　（昭和○年○月○日生）2分の1
　　　②遺言者の長男川越一郎（昭和○年○月○日生）4分の1
　　　③遺言者の長女坂戸竹子（昭和○年○月○日生）4分の1

（中略）

第○条　遺言者は、この遺言の遺言執行者として前記長男川越一郎を指定する。●─┐
2　遺言者は、遺言執行者に対し、次の権限を授与する。
　（1）預貯金その他の相続財産の名義変更、解約及び払戻し　　　遺言執行者に相続人を指定することもできる。
　（2）その他この遺言の執行に必要な一切の行為をすること

☑ 債務等を控除しない文例

第○条　遺言者は、遺言者の有する下記（1）記載の金融機関に存在する預貯金その他一切の金融資産を、遺言執行者において換価処分し、その換価金を、下記（2）記載の相続人に対し、それぞれに記載する割合で相続させる。

（以下略）

債務、葬儀・埋葬費用、遺言執行費用は控除せず、払戻金をそのまま分配する文例。

12 遺言執行者に不動産を 売却させ売却代金を分配させる

●アドバイス
不動産を売る場合、原則として売主本人が決済の場に出席します。そのため不動産を共有で相続させた場合、その共有者全員で決済に出席しましょう。遺言執行者に売却を任せる方法の場合は、遺言執行者のみ決済に出席します。

不動産を相続人が売る方法

　相続開始後に遺言者の所有していた不動産を売って、その売却代金を相続人で分けるケースがあります。たとえば長男、長女、二女で3分の1ずつ分けたい場合、遺言者は不動産を3人に持分3分の1ずつの割合で相続させる旨の遺言書（P.123参照）をつくっておきましょう。

　遺言者が亡くなったら、遺言書を使って、不動産を3人の共有で相続登記します。その後、相続した3人で不動産を売却し、売れたらそれぞれ共有持分の割合に応じて売却代金を受け取ります。

　この場合、不動産を相続した3人が協力して売却の手続きをしなければなりません。

不動産を遺言執行者が売って 売却代金を分配する方法

決済とは、不動産を売る際に、最終的に買主から代金の支払いを受ける場面を指します。

　不動産の売却手続きを複数人が協力して行うのは手間がかかるので、売却手続きを遺言執行者に任せて、売却できたら売却代金を遺言執行者が分配する方法もあります。この場合、遺言者が亡くなったら、遺言執行者は遺言者の法定相続人全員の共有名義で相続登記を申請します。その後、遺言執行者は売却活動をして、買主が決まったら買主と遺言執行者との共同申請で買主名義に所有権

Point
● 不動産を共有で相続させて共有者全員で売却する場合、共有者全員で手続きを行う必要がある
● 遺言執行者1人に売却手続きを任せる方法もある

移転登記をします。遺言執行者は売却代金を受け取り、費用などを精算した後、遺言書の定めに従ってお金を分配します。面倒な売却手続きを遺言執行者に任せられるというメリットがあります。

☑ 不動産を遺言執行者が売って代金を分配する文例

第○条　遺言者は、遺言者の有する下記（1）記載の不動産を、遺言執行者において換価処分し、その換価金から不動産の換価処分にかかった費用を控除した後の残金を、下記（2）記載の相続人に対し、それぞれに記載する割合で相続させる。

記

（1）不動産
　　①所　　在　　東松山市○○○○
　　　地　　番　　○番○
　　　地　　目　　宅地
　　　地　　積　　150・00㎡
　　②所　　在　　東松山市○○○○　○番地○
　　　家屋番号　　○番○
　　　種　　類　　居宅
　　　構　　造　　木造かわらぶき2階建
　　　床 面 積　　1階　60・00㎡
　　　　　　　　　2階　60・00㎡
（2）相続人及び割合
　　①遺言者の長男川越一郎（昭和○年○月○日生）3分の1
　　②遺言者の長女坂戸竹子（昭和○年○月○日生）3分の1
　　③遺言者の二女熊谷梅子（昭和○年○月○日生）3分の1

（中略）

第○条　遺言者は、この遺言の遺言執行者として前記長男川越一郎を指定する。
2　遺言者は、遺言執行者に対し、次の権限を授与する。
　（1）預貯金その他の相続財産の名義変更、解約及び払戻し
　（2）その他この遺言の執行に必要な一切の行為をすること

換価処分とは、売るなどして現金化すること。遺言執行者が不動産を売却して、その売却代金を相続人に分配する文例。

遺言執行者のみが売却手続をすればよいので、ほかの相続人の負担が減る。

第4章 ケース別の遺言書の文例

13 遺言執行者が貸金庫を開けられるようにする

貸金庫を開けるにはどうする?

被相続人が金融機関で貸金庫を契約していた場合、相続開始後に貸金庫を開けるには、相続人全員の立会いか、同意書を求める金融機関がほとんどです。

相続人全員の協力が得られない場合、一部の相続人による貸金庫の開扉に公証人に立会ってもらい、貸金庫の中身を確認・記録して**事実実験公正証書**という書類をつくってもらう方法があります。この方法で貸金庫を開けてもらえるか金融機関に確認してみましょう。

遺言執行者に貸金庫を開ける権限を与える

遺言書で貸金庫を開ける権限を遺言執行者に与えておけば、相続開始後、遺言執行者が貸金庫を開けられます。貸金庫を開ける権限のほかに、内容物を取り出す権限と、貸金庫の契約を解約する権限も与えておくとよいでしょう。

なお、貸金庫を開ける権限を遺言執行者に与える旨を記載した遺言書を貸金庫に保管してしまうと、貸金庫を開けるのに必要な遺言書が貸金庫に入っていて取り出せないという話になります。遺言書を貸金庫に保管するのはやめましょう。

◉用語解説
事実実験公正証書
公証人が直接体験した事実に基づいて作成された公正証書。証拠を保全する機能を有し、権利に関係のある多種多様な事実を対象にしている。

◉アドバイス
遺言書作成時には貸金庫を契約していなくても、将来的に契約することもあるかもしれません。ただ、遺言書に貸金庫を開ける権限について記載してしまうと、実際には、相続開始時に貸金庫を契約していなかったとしても、「遺言書に記載があるから貸金庫があるはずだ」と言い出す相続人が出てくる可能性があります。そうならないように、「遺言者の死亡時において貸金庫の賃貸借契約があった場合は」という条件を付けるなどの対策をしておくとよいでしょう。

142

Point

● 貸金庫を開けるには相続人全員の協力が必要となるので、遺言執行者に貸金庫を開ける権限を与えておく
● 遺言書を貸金庫に保管してはいけない

第 4 章 ケース別の遺言書の文例

☑ 貸金庫を開ける権限を与える文例

第〇条　遺言者は、この遺言の遺言執行者として前記長男川越一郎を指定する。

2　遺言者は、遺言執行者に対し、次の権限を授与する。

（1）預貯金その他の相続財産の名義変更、解約及び払戻し

（2）貸金庫の開扉、解約及び内容物の取り出し

（3）その他この遺言の執行に必要な一切の行為をすること

遺言執行者に貸金庫を開ける権限、解約する権限、内容物を取り出す権限を与える文例。

☑ 条件付きで貸金庫を開ける権限を与える文例

第〇条　遺言者は、この遺言の遺言執行者として前記長男川越一郎を指定する。

2　遺言者は、遺言執行者に対し、次の権限を授与する。

（1）預貯金その他の相続財産の名義変更、解約及び払戻し

（2）遺言者の死亡時において貸金庫の賃貸借契約があった場合は、貸金庫の開扉、解約及び内容物の取り出し

（3）その他この遺言の執行に必要な一切の行為をすること

遺言書作成時において貸金庫の契約をしていなくても、念のため貸金庫を開ける権限を記載しておきたい場合は、「貸金庫の賃貸借契約があった場合は」と条件を付けておくとよい。

14 有価証券を相続させる

有価証券の特定方法

　上場株式や投資信託の管理は、**証券保管振替機構**と証券会社等の金融機関に開設された口座で電子的に行われています。国債についても、金融機関に開設した口座への記録によって管理されています。株式、投資信託、国債などを特定して遺言書に記載したい場合は、それらを管理している証券会社等が定期的に送ってくる報告書、インターネット管理画面の表記を参考にしましょう。

金融資産の構成の変化に備える

　遺言書をつくった後に、株式や投資信託を売却したり、新たに購入したりすると、金融資産の構成が変わることになります。また、株式の併合や分割で保有する株式の数が変わったり、再投資型の投資信託では口数が増えたりする可能性もあります。国債も満期が来て払戻しされ、相続開始時には国債が存在しないかもしれません。

　株式、投資信託、国債などを細かく特定して遺言書に記載すると、その後の資産構成の変化に対応できません。この問題の解決方法として、口座のある証券会社等を特定して、そこで管理しているすべての金融資産という形で遺言書に記載することも考えられます。

○用語解説
証券保管振替機構
株券などの有価証券の保管や受渡しを簡素化することを目的として制定された機関。国内で唯一の保管振替機関。「ほふり」の略称でも呼ばれる。

国債は取引金融機関名、口座番号、名称、銘柄コード、額面金額、発行日、償還日などで特定し、投資信託は取扱金融機関名、口座番号、銘柄、銘柄コード、数量などで特定します。

Point
- 上場株式、国債、投資信託などの特定は証券会社等の報告書やインターネット管理画面を参考にする
- 有価証券の構成が変わる可能性も考える

✓ 上場株式（投資信託受益権、国債など）を相続させる文例

第○条　遺言者は、遺言者の有する下記株式を、遺言者の長男川越一郎（昭和○年○月○日生）に相続させる。

記

取扱金融機関名	タヌキ証券　東松山支店
口座番号	XXX−XXXXX
銘柄	○○○○株式会社
銘柄コード	○○○○
数量	1000株

金融資産の種類に応じて「投資信託受益権」「国債」などと記載する。

株式、国債、投資信託などの特定は、定期的に送られてくる報告書やインターネットの管理画面を参考に記載する。

✓ 金融機関を特定し、そこにある資産すべてを相続させる文例

第○条　遺言者は、下記金融機関の取引口座にて遺言者が保有する株式、公社債、投資信託受益権、預け金その他一切の金融資産を、遺言者の長男川越一郎（昭和○年○月○日生）に相続させる。

記

取扱金融機関名	タヌキ証券　東松山支店
口座番号	XXX−XXXXX

株式、投資信託の組み換えや国債の償還などで、遺言書をつくったときと財産構成が変わる可能性がある。そのため、取引金融機関を特定し、そこで「保有する一切の金融資産」と記載することにより、財産構成の変動に備える文例。

自動車等を相続させる

車検証の情報で特定する

　自動車を特定して相続させる場合は、自動車検査証(車検証)に記載されている自動車登録番号、自動車の種別、用途、自家用・事業用の別、車名、車台番号、型式などで特定します。遺言書を作成した後に自動車を買い替える可能性もありますので、「遺言者の有する一切の自動車及び軽自動車」などと記載しておくことも考えられます。

小型船舶や航空機の特定方法

　小型船舶を特定して相続させる場合は、小型船舶登録原簿、登録事項証明書などを見て、船舶番号、船舶の種類、船籍港、船体識別番号等で特定します。航空機の場合は、航空機登録原簿や航空機登録証明書を見て、航空機の種類、型式、製造者、番号、登録記号、定置場などで特定します。

相続財産に自動車がある場合、相続人への移転登録(所有者名義の変更)前に事故を起こされると、遺言執行者も責任を問われる可能性があります。移転登録前は自動車を使用させないようにして、速やかに移転登録手続きをしましょう。

☑ すべての自動車を相続させる文例

第○条　遺言者は、遺言者の有する一切の自動車及び軽自動車を、遺言者の長男川越一郎(昭和○年○月○日生)に相続させる。

遺言書を作成した後に自動車を買い替える可能性もあるので、すべての自動車を対象とすることも検討する。

Point

● 自動車を特定する場合は、自動車検査証（車検証）を参考にして記載する
● 遺言書作成後に自動車を買い替える可能性も考える

☑ 特定の自動車を相続させる文例

第○条　遺言者は、遺言者の有する下記自動車を、遺言者の長男川越一郎（昭和○年○月○日生）に相続させる。

記

自動車登録番号	熊谷○○○　あ　○○○○
自動車の種別	普通
用途	乗用
自家用・事業用の別	自家用
車名	○○○○
車台番号	○○○－○○○○○○○
型式	○○－○○○○○

── 自動車検査証（車検証）を参考にして正確に記載する。

☑ 小型船舶を相続させる文例

第○条　遺言者は、遺言者の有する下記小型船舶を、遺言者の長男川越一郎（昭和○年○月○日生）に相続させる。

記

船舶番号	○○○－○○○○○神奈川
船舶の種別	汽船
船籍港	神奈川県○○市
船体識別番号	○○○○○

小型船舶登録原簿、登録事項証明書などを参考にして正確に記載する。

16 相続人以外に預貯金を特定遺贈する

与える財産を具体的に特定する特定遺贈

相続人以外に遺産を与えたい場合は、「遺贈する」という文言を使います。遺贈には、包括遺贈と特定遺贈があります。包括遺贈は、目的物を特定せずに、相続財産の全部または一定の割合を与える遺贈です。これに対し、特定遺贈は、与える財産を具体的に特定した遺贈です。

本書の文例において、相続人に対しては、「相続させる」という文言を使っていましたが、遺贈の場合は、これを「遺贈する」に変えます。

相続人以外に遺贈したい場合、受遺者は氏名、生年月日、住所で特定するとよいでしょう。できれば、受遺者の住民票を見て正確に記載します。

遺言執行者を指定しておく

預貯金を遺贈した場合、相続開始後の遺贈の手続きは、受遺者と遺言者の相続人全員とで行います。ただし、遺言執行者がいる場合は、受遺者と遺言執行者とで手続きできます。将来、遺贈の手続きに遺言者の相続人全員が協力してくれない可能性があるなら、遺言書で遺言執行者を指定しておいたほうがよいかもしれません。遺言執行者には受遺者自身を指定することも可能です。

遺言書作成時の住所から受遺者が転出（ほかの市区町村に住所移転）していたとしても、2014年6月20日以降に転出した場合は、住民票除票を取って現住所を調べることができます（役場によっては、それ以前の転出でも住民票除票が取れる場合があります）。ただし、第三者が住民票除票等を取得するには正当な理由が必要です。

148

Point
● 相続人以外に預貯金を与えたいときは「遺贈する」という
　文言を使う
● 遺贈の場合、遺言執行者を指定しておいたほうがよい

☑ 相続人以外に預貯金を遺贈する文例

相続人以外に財産を渡したい場合は「遺贈する」という文言を使う。
相続人以外の人は氏名、生年月日、住所などで特定する。

第○条　遺言者は、遺言者の有する下記預貯金を、高坂陸雄（昭和○年○
月○日生、住所：埼玉県東松山市○○○○）に遺贈する。

記

（1）うさぎ銀行　○○支店　普通預金

　　口座番号XXXXXXX

（2）ゆうちょ銀行　通常貯金

　　記号番号XXXXX－XXXXXXXX

（中略）

第○条　遺言者は、この遺言の遺言執行者として前記高坂陸雄を指定する。

2　遺言者は、遺言執行者に対し、次の権限を授与する。

（1）預貯金その他の相続財産の名義変更、解約及び払戻し

（2）その他この遺言の執行に必要な一切の行為をすること

相続開始後、預貯金の遺贈手続きは、受遺者と遺言者の相続人全員
とで行う。遺言執行者がいれば、受遺者と遺言執行者とで手続きで
きるので、遺言書で遺言執行者を指定しておいたほうがよい。

17 相続人以外に不動産を特定遺贈する

アドバイス
相続人以外に不動産を特定遺贈した場合、不動産取得税がかかります。包括遺贈の場合は、相続人以外だったとしても不動産取得税はかかりません。

相続人以外に不動産を遺贈する場合

相続人以外に不動産を与えたい場合は、「遺贈する」という文言を使います。

遺言書に記載する際は不動産を特定し、相続人以外の受遺者は、氏名、生年月日、住所などで特定します。

また相続開始後の登記申請は、受遺者と遺言者の相続人全員が共同で行う必要がありますが、遺言執行者がいる場合は、この限りではありません。

手続きの手間を考えると、遺言執行者を指定しておくとよいでしょう。

なお法改正により2023年4月1日から、相続人に不動産を遺贈した場合は、受遺者が単独で遺贈の登記を申請できるようになりました。

農地を与えたい場合は方法を検討する

農地を相続人以外に特定遺贈した場合、農地法の許可がないと受遺者に遺贈の登記ができません。

これに対し、包括遺贈の場合は相続人以外が受遺者であっても、農地を遺贈登記する際に農地法の許可は不要です。農地を与えたい場合は、その方法を検討しましょう。なお農地を、相続人に特定遺贈する場合や相続人に「相続させる」場合は農地法の許可はいりません。

Point
- 相続人以外に不動産を与えたいときは「遺贈する」という文言を使い、さらに遺言執行者を指定するとよい
- 農地を与えたい場合、農地法を鑑みて方法を検討する

☑ 相続人以外に不動産を遺贈する文例

相続人以外に不動産を渡したい場合は「遺贈する」という文言を使う。相続人以外の人は氏名、生年月日、住所などで特定する。

第○条　遺言者は、遺言者の有する下記不動産を、高坂陸雄（昭和○年○月○日生、住所：埼玉県東松山市○○○○）に遺贈する。

記

所　　在　東松山市○○○○

地　　番　○番○

地　　目　宅地

地　　積　150・00㎡

（中略）

第○条　遺言者は、この遺言の遺言執行者として前記高坂陸雄を指定する。

2　遺言者は、遺言執行者に対し、次の権限を授与する。

（1）預貯金その他の相続財産の名義変更、解約及び払戻し

（2）その他この遺言の執行に必要な一切の行為をすること

「2」は第○条第2項という意味。第1項については「1」と記載しない公証人が多い。

相続開始後、不動産の遺贈登記は、受遺者と遺言者の相続人全員とで申請する。遺言執行者がいれば、受遺者と遺言執行者とで登記申請できるので、遺言書で遺言執行者を指定しておいたほうがよい。

第4章　ケース別の遺言書の文例

151

18 遺言書に記載していない財産を相続させる

財産の記載漏れを防ぐ

　相続の対象となる財産は、不動産や預貯金のほかにも、現金や家財道具などの動産があります。動産を細かく特定して遺言書に記載するのは難しいですし、遺言者が遺言書をつくった後に、不動産を買ったり、新たに預貯金の口座を開設したりする可能性もあります。つまり、現実的には、遺言書に記載した財産以外の財産が、相続開始時に存在するケースが大半です。

　遺言書に記載していない財産については、相続人全員で遺産分割協議をすることになります。これを防ぐには、遺言書に「その他一切の財産」という形で、漏れていた財産を相続する人を指定すればよいのです。遺言書にすべての財産を特定して記載することは困難なため、遺言書をつくる大多数の人は、このような条項を記載しています。

「その他一切の財産」 の落とし穴

　遺言者の所有する土地上に長男が家を建てていたので、その土地を長男に相続させる旨の遺言書をつくっていたとします。そして、その遺言書の中で「それ以外の手元現金、動産その他一切の財産を、長女に相続させる」とも定めていました。また、遺言者の所有する土地が建物の敷地だけで

敷地の前の道路が近所の人たちで共有する私道だった場合、私道の持分を有していないと建物の建替ができない可能性があります。

152

Point

● 遺言書にすべての財産を特定して記載することは難しい
● 漏れていた財産を相続する人を指定しておく
● 不動産の記載漏れがあると想定外の人が取得してしまう

なく、敷地の前の道路も近所の人たちと共有で持っていたとします。この状態で、遺言書に道路部分の記載がなかったら、「その他一切の財産」の条項により、道路部分は長女が相続することになってしまいます。このようなことにならないように、不動産を特定して記載する場合は、不動産の漏れがないように注意しましょう。

☑ その他一切の財産を相続させる文例

第○条　遺言者は、遺言者の有する下記不動産を、遺言者の長男川越一郎（昭和○年○月○日生）に相続させる。

記

所　　在　　東松山市○○○○
地　　番　　○番○
地　　目　　宅地
地　　積　　150・00 ㎡

（中略）

第○条　遺言者は、前各条に記載する財産を除く遺言者の有する手元現金、動産その他一切の財産を、遺言者の長女坂戸竹子（昭和○年○月○日生）に相続させる。

遺言書の各条項に記載した財産以外に財産があった場合に、それを相続させる人を指定する文例。すべての財産を特定して記載することは難しいので、漏れを防ぐため、この条項を入れるケースが多い。

長男に相続させる不動産に漏れがあった場合、「その他一切の財産」の条項で、漏れていた不動産を長女が相続してしまうので注意が必要。遺言者の死亡以前に長男が死亡した場合も、長男に不動産を相続させる条項の効力が発生せずに、「その他一切の財産」の条項で長女が相続すると解釈される。長男が死亡していた場合は別の人に相続させたいのであれば、P.154以降で説明する予備的遺言を定めておくこと。

第4章　ケース別の遺言書の文例

相続人が亡くなっていた場合に備える

財産を相続させる人が先に亡くなっていた場合

遺言書で財産を「相続させる」としていた相続人が、遺言者より先に亡くなったらどうなるでしょうか。たとえば、遺言者が財産を長男に「相続させる」旨の遺言書をつくっていたけれども、遺言者より先に長男が亡くなった場合です。この場合、長男に相続させる予定だった財産を、長男の子が代襲して相続するわけではありません。遺言書で財産を相続させる予定だった相続人が、遺言者の死亡以前に死亡した場合は、特段の事情がない限り、遺言書のその部分は効力が発生しません。

予備的遺言

長男が亡くなっていた場合は、長男に相続させたかった財産を、別の人に相続させるのであれば、その旨も遺言書に記載しておきましょう。これを予備的遺言や補充遺言などと言います。

遺言書をつくった後に長男が亡くなった場合は、改めて遺言書をつくり直せばよいという考え方もできるかもしれません。しかし、そのときに遺言者が認知症等により遺言書をつくることができなくなっている可能性もあります。この点を考えると、予備的遺言を記載しておいたほうが確実です。

Point
- 財産を「相続させる」としていた相続人が遺言者の死亡以前に亡くなると、遺言のその部分の効力が生じない
- 万が一に備えて予備的遺言を記載しておく

✓ 予備的遺言の文例①

長男が死亡していた場合に、長男に相続させる予定だった財産を、孫（長男の長男）に相続させる文例。遺言者と長男が同時に死亡する可能性もあるので、「死亡以前」という文言を使う。

第○条　遺言者は、遺言者の有する下記不動産を、遺言者の長男川越一郎（昭和○年○月○日生）に相続させる。

記

（中略）

第○条　遺言者の死亡以前に前記長男川越一郎が死亡していた場合は、遺言者は、第○条で前記長男川越一郎に相続させるとした財産を、遺言者の孫（前記長男川越一郎の長男）川越夏郎（平成○年○月○日生）に相続させる。

✓ 予備的遺言の文例②

第○条　遺言者は、遺言者の有する下記金融機関に存在する預貯金を、前記長男川越一郎に相続させる。

記

（中略）

第○条　遺言者の死亡以前に前記長男川越一郎が死亡していた場合は、遺言者は、第○条で前記長男川越一郎に相続させるとした財産を、前記孫川越夏郎に相続させる。ただし、遺言者の死亡以前に前記長男川越一郎及び前記孫川越夏郎の両名が死亡していた場合は、遺言者は、第○条で前記長男川越一郎に相続させるとした財産を、遺言者の孫（前記長男川越一郎の長女）川越秋子（平成○年○月○日生）に相続させる。

長男と孫（長男の長男）の2人が亡くなっていた場合に、ほかの孫（長男の長女）に相続させる文例。

20 受遺者が亡くなっていた場合に備える

受遺者が亡くなっていたらどうなる?

遺贈については、民法で「遺贈は、遺言者の死亡以前に受遺者が死亡したときは、その効力を生じない」(第994条第1項)と定められています。相続開始時に受遺者が死亡していると、遺贈する予定だった財産は、遺言者の相続人にいくことになります。受遺者が亡くなっていた場合は違う人に遺贈したいのであれば、「遺言者の死亡以前にAが死亡していた場合は、Aに遺贈するとした財産を、Bに遺贈する」などと予備的遺言による遺贈をしておきましょう。

受遺者が放棄するケースも考える

特定遺贈の受遺者は、遺言者の死亡後、いつでも遺贈の放棄をすることができます。包括遺贈の受遺者の場合は、3カ月以内に家庭裁判所で手続きをすることにより、遺贈を放棄することができます。したがって、受遺者が亡くなった場合だけでなく、遺贈を放棄した場合についても予備的遺言をすべきか検討する必要があります。受遺者が遺贈を放棄する可能性があるなら、その場合の予備的遺言もしておきます。できれば、生前に受遺者の意向を確認しておいたほうがよいでしょう。

予備的遺言による遺贈を、予備的遺贈や補充遺贈などと言います。

Point

● 受遺者が死亡していると遺贈は効力を生じない
● 受遺者が死亡したり、遺贈を放棄したりする場合に備えて予備的遺贈をしておく

☑ 受遺者が死亡したケースに備える予備的遺贈の文例

第○条　遺言者は、遺言者の有する下記預貯金を、高坂陸雄（昭和○年○月○日生、住所：埼玉県東松山市○○○○）に遺贈する。

(中略)

第○条　遺言者の死亡以前に前記高坂陸雄が死亡していた場合は、遺言者は、第○条で前記高坂陸雄に遺贈するとした財産を、高坂海子（昭和○年○月○日生、住所：埼玉県東松山市○○○○）に遺贈する。

遺言者の死亡以前に受遺者が死亡した場合に、
別の人に遺贈するケースの文例。

☑ 遺贈の放棄にも備える予備的遺贈の文例

第○条　遺言者の死亡以前に前記高坂陸雄が死亡していた場合、または前記高坂陸男が第○条に記載する遺贈を放棄した場合は、遺言者は、第○条で前記高坂陸雄に遺贈するとした財産を、高坂海子（昭和○年○月○日生、住所：埼玉県東松山市○○○○）に遺贈する。

受遺者が遺贈を放棄した場合に、別の人に遺贈する
ケースの文例。

21 死亡保険金の受取人を遺言書で変更する

死亡保険金受取人が亡くなっていたらどうなる?

被相続人が保険契約者兼被保険者であり、死亡保険金受取人に特定の人を指定している場合、その死亡保険金は相続財産ではなく、受取人の固有財産です。したがって、この死亡保険金のことを遺言書に記載する必要はありません。しかし、被相続人の死亡以前に、死亡保険金受取人に指定された人が亡くなっていた場合はどうなるでしょうか。この場合、死亡保険金受取人に指定された人の相続人全員が保険金受取人となります。そして、相続人が複数人いた場合は、受け取りの割合は均等分になるという裁判例があります。

受取人を予備的に遺言書で変更する

死亡保険金受取人に指定された人が先に亡くなった場合、保険契約者が保険会社または代理店に連絡して死亡保険金受取人を変更する手続きをすることが考えられます。ただし、認知症等で判断能力が低下していると、この変更手続きができない可能性もあります。

そこで、判断能力が低下していないうちに、遺言書をつくっておくという対策が考えられます。死亡保険金受取人が死亡した場合は、死亡保険金

生命保険契約では生前に予備的な死亡保険金受取人を指定できない保険会社がほとんどです。そのため、死亡保険金受取人を予備的に遺言書で変更する方法が活用されています。

● 死亡保険金受取人が先に亡くなっていた場合、受取人の相続人全員が受取人となる
● 遺言書で保険金受取人を予備的に変更できる

第
4
章

ケース別の遺言書の文例

受取人を別の人に変更する旨の遺言書をつくっておくのです。2010年4月1日以降に締結した保険契約の場合、遺言によって保険金受取人を変更することが可能です。同日より前に締結した保険契約の場合は、遺言によって保険金受取人を変更できるか否かは、保険会社によってまちまちです。約款を確認したり、保険会社や代理店に聞いたりしてみましょう。

☑ 死亡保険金受取人を予備的に変更する文例

死亡保険金受取人が、遺言者の死亡以前に亡くなっていた場合に、受取人を遺言書で変更する文例。

第○条 下記生命保険契約について、その死亡保険金受取人である前記妻川越松子が遺言者の死亡以前に死亡していた場合は、遺言者は本遺言をもって、下記生命保険契約の死亡保険金受取人を遺言者の二女熊谷梅子（昭和○年○月○日生）に変更する。

記

（1）保険者　　　○○生命保険
　　　証券番号　XXX-XXXXXXXX
（2）保険者　　　○○生命保険
　　　証券番号　XXX-XXXXXXXX

2　前項記載の条件に該当した場合、遺言執行者は、この遺言の効力が生じた後、速やかに前項記載の各保険会社に対し、保険金受取人の変更を通知するとともに、所定の手続をとるものとする。

「遺言による保険金受取人の変更は、その遺言が効力を生じた後、保険契約者の相続人がその旨を保険者に通知しなければ、これをもって保険者に対抗することができない」（保険法第44条）と規定されている。その通知を保険会社に対して行うことを遺言執行者に促す文例。

祭祀主宰者を指定する

誰が祭祀財産を承継するのか?

仏壇、位牌、墓石、墓地など祖先を祀るための祭祀財産は、一般の相続の対象とはなりません。

被相続人が祭祀主宰者を指定していた場合は、指定された人が祭祀財産を承継します。被相続人による指定は、遺言書ですることもできますが、それに限らず、口頭ですることも可能です。ただ、遺言書で指定しない場合は、事前にお寺や霊園に承継手続きに必要な書類を確認しておいたほうがよいでしょう。なお、公正証書遺言で祭祀主宰者の指定を行った場合、公証人の手数料が1万1000円加算されます。

祭祀主宰者に関して被相続人の指定がなかった場合は、その地域の慣習で決まります。

しかし、慣習が明らかでない場合は、家庭裁判所が決めます。具体的には、家庭裁判所に祭祀財産の承継者の指定に関する審判(または調停)の申立てをします。

祭祀財産とは、祖先を祀るために必要となる財産の総称。民法上は①系譜(家系図など)、②祭具(位牌や仏壇など)、③墳墓(墓地や墓石など)の3つを指します(民法第897条第1項)。

祭祀主宰者への配慮

祭祀主宰者に指定された人は、これを辞退することができません。ただ、法要などの祭祀を行う義務があるわけではありません。

しかし、祭祀主宰者に指定された人が法要等を

行っていく場合は、その費用がかかりますから、費用をまかなえるだけの預貯金も相続させるなどの配慮をするとよいでしょう。

祭祀主宰者を指定する文例

祭祀主宰者に長男を指定する文例。文例では、長男が死亡していた場合は孫を祭祀主宰者に指定している。

第○条 遺言者は、祖先の祭祀を主宰すべき者として、前記長男川越一郎を指定する。ただし、遺言者の死亡以前に前記長男川越一郎が死亡していた場合は、遺言者は、祖先の祭祀を主宰すべき者として、前記孫川越夏郎を指定する。

墓地の登記

被相続人が墓地の所有権を有していた場合、これを祭祀主宰者名義に登記するにはどうすればよいでしょうか。被相続人が祭祀主宰者を口頭で指定していた場合、それを証明するためには相続人全員の協力が必要になります。相続人全員の協力が得られないことが予想される場合は、遺言書で祭祀主宰者を指定しておいたほうがよいでしょう。また、遺言執行者も指定しておけば、祭祀主宰者と遺言執行者とで登記申請ができます。なお、墓地を相続人に相続させる旨の遺言書をつくっておくと、墓地を取得した相続人が単独で通常の相続登記をすることができます。

23 子のいない夫婦が財産を配偶者に相続させる

◆アドバイス
遺留分は兄弟姉妹にはありませんが、直系尊属にはあるため、親などの直系尊属が相続人だった場合は、注意が必要です。

被相続人の血族が相続人となる

　子どもがいない夫婦の相続における注意点は、被相続人の親や兄弟姉妹が相続人に入ってくることです。子どものいない夫婦の夫が亡くなった場合、妻が相続人となりますが、夫の血族も相続人となります。被相続人に子がいない場合、被相続人の親などの直系尊属が相続人となり、直系尊属が全員亡くなっているときは被相続人の兄弟姉妹（代襲相続が発生していれば甥姪）が相続人となります。つまり、妻は、夫の親または兄弟姉妹と遺産分割の話し合いをしなければ、不動産や預貯金の相続手続きができないことになります。

　たとえば、夫の親は亡くなっていて、夫に姉と妹がいたとすると、妻はその2人と遺産分割協議

☑ 上記事例の家族構成

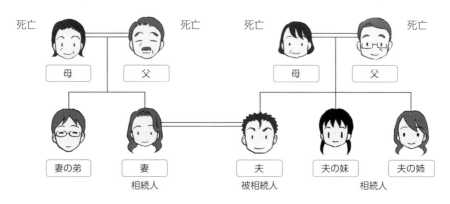

162

Point

- 子のいない夫婦の場合、亡くなった配偶者の親や兄弟姉妹
  が相続人に入ってくる
- 全財産を配偶者に相続させる旨の遺言書をつくるとよい

をして、遺産分割協議書に実印の押印と印鑑証明書をもらう必要があります。

配偶者に全財産を相続させる旨の遺言書をつくっておく

　夫が生前に全財産を妻に相続させる旨の遺言書をつくっておけば、相続開始後、遺言書を使って相続手続きができます。相続手続きに夫の兄弟姉妹の実印の押印と印鑑証明書は不要です。なお、兄弟姉妹には遺留分がありませんから、妻が遺留分侵害額請求を受ける心配はありません。

　妻が夫より先に亡くなった場合も同じ問題が発生しますので、妻も夫に全財産を相続させる旨の遺言書をつくっておくとよいでしょう。

●アドバイス
民法で「遺言は、二人以上の者が同一の証書ですることができない」（第975条）と定められています。夫婦で遺言書をつくるときも、別々の用紙で作成しましょう。

☑ 全財産を配偶者に相続させる文例

全財産を妻に相続させる夫の遺言書の文例。相続人を続柄、氏名、生年月日で特定し、「相続させる」という文言を使う。夫と妻のどちらが先に亡くなるかわからないため、妻も全財産を夫に相続させる旨の遺言書をつくっておくとよい。

第1条　遺言者は、遺言者の有する一切の財産を、遺言者の妻川越春子（昭和○年○月○日生）に相続させる。

第2条　遺言者は、この遺言の遺言執行者として前記妻川越春子を指定する。

24

夫から妻が相続した財産を夫の親族に遺贈する

夫婦の亡くなる順番で最終的な財産の承継者が違う

P.162では、子どものいない夫婦は、配偶者に全財産を相続させる旨の遺言書をつくっておくと、遺された配偶者が遺言書を使って相続手続きができることを説明しました。ただ、夫婦の亡くなる順番によって、最終的には、財産が夫婦のうち後に亡くなったほうの血族相続人にいってしまうという問題があります。

たとえば、夫が先祖代々の土地を持っていたとします。夫が妻より先に亡くなった場合、全財産を妻に相続させる旨の遺言書があれば、この土地も妻が相続することになります。その後、妻が亡くなると、相続人は、子がいなければ妻の直系尊属か兄弟姉妹(代襲相続が発生していれば甥姪)ですから、夫が持っていた先祖代々の土地も妻側の親族にいってしまいます。

配偶者が亡くなっていた場合の承継者を定めておく

夫が持っていた先祖代々の土地を、最終的に夫側の親族に承継させたいなら、夫婦がつくる遺言書に、夫の親族に遺贈する(または相続させる)旨の予備的遺言の条項を記載しましょう。

Point

- 子のいない夫婦の場合、最終的には、後に亡くなったほうの血族相続人に遺産がいく
- 予備的遺言により最終的な遺産の承継者を指定できる

☑ 妻が亡くなっていた場合は兄弟姉妹に相続させる夫の遺言書の文例

第1条　遺言者は、遺言者の有する一切の財産を、遺言者の妻川越春子（昭和○年○月○日生）に相続させる。

第2条　遺言者の死亡以前に前記妻川越春子が死亡していた場合は、遺言者は、遺言者の有する一切の財産を、遺言者の姉坂戸竹子（昭和○年○月○日生）に相続させる。

第3条　遺言者は、この遺言の遺言執行者として前記妻川越春子を指定する。ただし、前記妻川越春子が死亡した場合または前記川越春子が遺言執行者に就職しなかった場合は、遺言者は、この遺言の遺言執行者として前記姉坂戸竹子を指定する。

全財産を妻に相続させるが、妻が亡くなっていた場合は、姉に相続させる文例。

☑ 夫が亡くなっていた場合は夫の兄弟姉妹に遺贈する妻の遺言書の文例

夫が亡くなった後に妻が亡くなると、元々、夫が持っていた財産も妻の血族相続人が相続することになる。予備的遺言をすることで、夫側の親族に財産を戻す文例。夫の姉は妻の相続人ではないので、「遺贈する」という文言を使う。

第1条　遺言者は、遺言者の有する一切の財産を、遺言者の夫川越一郎（昭和○年○月○日生）に相続させる。

第2条　遺言者の死亡以前に前記夫川越一郎が死亡していた場合は、遺言者は、遺言者の有する一切の財産を、前記夫川越一郎の姉坂戸竹子（昭和○年○月○日生、住所：埼玉県東松山市○○○○）に包括して遺贈する。

第3条　遺言者は、この遺言の遺言執行者として前記夫川越一郎を指定する。ただし、前記夫川越一郎が死亡した場合または前記夫川越一郎が遺言執行者に就職しなかった場合は、遺言者は、この遺言の遺言執行者として前記坂戸竹子を指定する。

夫の姉が遺贈を受けた場合、遺言執行者がいないときは、不動産の登記や預貯金の遺贈手続きに妻の相続人全員の協力が必要となる。夫の姉を遺言執行者に指定しておけば、夫の姉が受遺者兼遺言執行者として単独で手続きできる。

25 前婚のときの子以外の相続人に相続させる

◆アドバイス
自筆証書遺言の場合、検認を申立てると家庭裁判所は相続人全員に検認日を通知します。法務局に遺言書を預けた場合も、遺言書情報証明書が交付されると法務局が相続人全員に通知します。遺言執行者がいる場合、遺言執行者は、相続人に遺言内容を通知したり、財産目録を交付したりします。このような経緯で、前婚のときの子も相続が開始したことや遺言書の存在を知る可能性があります。

前婚のときの子も相続人となる

　夫婦の間に子(長女)が1人いる家庭があり、夫には前婚のときの子(長男)が1人いたとします。夫婦や長女は、前婚のときの子とは全く連絡を取っておらず、連絡先も知らなかった場合、この状態で夫が亡くなったらどうなるでしょうか。

　夫の相続人は妻と子ですから、前婚のときの子も相続人となります。遺された妻や長女は、夫の前婚のときの子と遺産分割協議をしなければ、不動産や預貯金の相続手続きができないことになります。全く面識がなかったとすれば、遺産分割が難航するかもしれません。夫が生前に遺言書をつくっておけば、相続開始後、遺言書を使い不動産

☑ 上記事例の家族構成

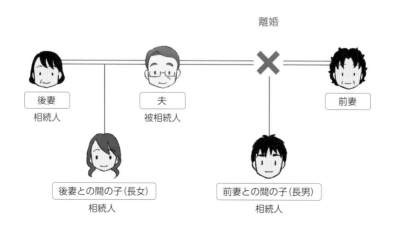

離婚

後妻 ── 夫 ─✕─ 前妻
相続人　　被相続人　　　　　　前妻

後妻との間の子(長女)
相続人

前妻との間の子(長男)
相続人

● 遺言書がない場合、相続手続きには前婚のときの子の実印
の押印と印鑑証明書が必要となる
● 遺言書をつくっておけば、遺言書で相続手続きができる

や預貯金の相続手続きができますので、前婚のと
きの子の実印の押印や印鑑証明書は不要です。
　ただし、前婚のときの子には遺留分があるので
遺留分を侵害する遺言書の内容だと、相続開始後、
遺留分侵害額の請求を受けるかもしれません。

☑ 前婚のときの子以外の相続人に相続させる文例

前婚のときの子である長男以外の相続人に財産を相続させる文例。ただし、
遺留分を侵害された長男から遺留分侵害額請求を受ける可能性がある。

第○条　遺言者は、遺言者の有する下記不動産を、遺言者の妻川越松子
　　（昭和○年○月○日生）に相続させる。

（中略）

第○条　遺言者は、遺言者の有する下記金融機関に存在する預貯金を遺
　　言者の長女坂戸竹子（昭和○年○月○日生）に相続させる。

（中略）

第○条　遺言者は、前各条に記載する財産を除く遺言者の有する手元現金、
　　動産その他一切の財産を前記妻川越松子に相続させる。

第○条　遺言者は、この遺言の遺言執行者として前記長女坂戸竹子を指定す
　　る。

2　遺言者は、前項で指定した遺言執行者に対し、次の権限を授与する。

　（1）預貯金その他の相続財産の名義変更、解約及び払戻し

　（2）その他遺言の執行に必要な一切の行為をすること

26 前婚のときの子にも相続させる

● アドバイス
遺言執行者が複数人いる場合でも、遺産の維持管理といった保存行為は各遺言執行者が単独で行えます。

前婚のときの子にも遺産を渡して遺言執行者は別々に指定する

P.166で解説したように、前婚のときの子も相続人となりますから、前婚のときの子にも遺産の一部を渡したいと考えるケースもあるでしょう。

基本的に、相続人に不動産や預貯金を「相続させる」旨の遺言であれば、その相続人が単独で相続手続きができます。

ただし、預貯金の相続手続きは、遺言執行者がいない場合、相続人全員の実印と印鑑証明書を要求する金融機関もある※ようです。

この対策として遺言書で家族を遺言執行者に指定する方法があります。このとき前婚の子側の遺言執行と、後婚の配偶者や子側の遺言執行とで、別々の遺言執行者を指定することも可能です。

※相続人に預貯金を「相続させる」旨の遺言であれば、その相続人が単独で相続手続きを行える金融機関が、多数派だと思われる。

遺言執行者が複数人いる場合

遺言執行者が複数人いる場合には、その任務の執行は、原則、過半数で決めることになります。

ただし、遺言者が遺言書に別段の意思を表示したときは、その意思に従います。今回のケースでは遺言執行者が執行する遺言の範囲を遺言書に明記し、単独で執行できる旨を記載します。

Point
- 前婚のときの子にも遺留分があるので財産を相続させることも検討する
- 複数人の遺言執行者を指定することもできる

☑ 遺言執行者を2人指定して各々単独で遺言執行できるようにする文例

前婚のときの子である長男に相続させる財産を第1条に記載している。

前婚のときの子である長男に相続させる第1条に記載する財産の遺言執行者に長男を指定する文例。

第1条　遺言者は、遺言者の有する下記金融機関に存在する預貯金を、遺言者の長男志木鉄夫（昭和〇年〇月〇日生）に相続させる。

（中略）

第2条　遺言者は、遺言者の有する下記不動産を、遺言者の妻川越松子（昭和〇年〇月〇日生）に相続させる。

（中略）

第3条　遺言者は、遺言者の有する下記金融機関に存在する預貯金を、遺言者の長女坂戸竹子（昭和〇年〇月〇日生）に相続させる。

（中略）

第4条　遺言者は、前各条に記載する財産を除く遺言者の有する手元現金、動産その他一切の財産を前記妻川越松子に相続させる。

第5条　遺言者は、第1条に記載する遺言の遺言執行者として前記長男志木鉄夫を指定する。

2　遺言者は、前項で指定した遺言執行者に対し、次の権限を授与し、同遺言執行者は第1条に記載する遺言の執行を単独で行うことができる。

（1）第1条に記載する預貯金その他の相続財産の名義変更、解約及び払戻し

（2）その他第1条に記載する遺言の執行に必要な一切の行為をすること

第6条　遺言者は、第2条から第4条までに記載する遺言の遺言執行者として前記長女坂戸竹子を指定する。

2　遺言者は、前項で指定した遺言執行者に対し、次の権限を授与し、同遺言執行者は第2条から第4条までに記載する遺言の執行を単独で行うことができる。

（1）第2条から第4条までに記載する預貯金その他の相続財産の名義変更、解約及び払戻し

（2）その他第2条から第4条までに記載する遺言の執行に必要な一切の行為をすること

妻と長女に相続させる第2条から第4条までに記載する財産の遺言執行者に長女を指定する文例。

遺言執行者が複数人の場合、任務の執行は過半数で決めるのが原則。ただし、遺言者は遺言に別段の意思表示ができるので、「遺言の執行を単独で行うことができる」と記載しておく。

第4章　ケース別の遺言書の文例

27 内縁の配偶者に遺産を渡す

アドバイス

相続人に相続登記または遺贈の登記をする場合、登記の際に収める収入印紙（登録免許税）は不動産評価額の0.4％です。しかし、相続人以外に遺贈の登記をする場合の登録免許税は不動産評価額の2％となります。内縁の配偶者は相続人ではないので、遺贈の登記の登録免許税は2％です。1000万円の不動産評価額だったとすると収入印紙代が20万円かかります。

アドバイス

内縁の配偶者の相続税は2割加算となります。相続税申告における配偶者の税額軽減、小規模宅地等の特例なども内縁の配偶者は使えません。内縁の配偶者の場合、税金面での負担は大きくなります。

内縁の配偶者は相続人ではない

婚姻届を出していないものの、実態的には夫婦同然の生活を送っている男女の女性側を内縁の妻、男性側を内縁の夫と言います。

内縁の夫婦の場合、法律上の配偶者ではないため、どちらかが亡くなっても、内縁の配偶者は相続人になれません。

たとえば、内縁の夫が亡くなった場合、内縁の妻は相続人になれず、すべて内縁の夫の血族相続人が相続することになります。内縁の配偶者にすべての遺産を渡したいのであれば、全財産を内縁の配偶者に包括遺贈する旨の遺言書をつくっておきましょう。

内縁の夫と内縁の妻のどちらが先に亡くなるかわからないため、2人とも遺言書をつくっておいたほうがよいでしょう。

相続人以外に遺贈する場合の注意点

内縁の配偶者など、相続人以外に不動産を遺贈した場合、相続開始後の遺贈の登記の際、遺言者の相続人全員の協力が必要となります。

ただし、遺言執行者がいれば、受遺者と遺言執行者で遺贈の登記申請ができます。

同様に預貯金の遺贈手続きも遺言執行者がいな

Point
- 内縁の配偶者は相続人ではないので、何も対策を準備しなかった場合は、遺産を取得できない
- 遺言書をつくって、内縁の配偶者に包括遺贈する

いと、遺言者の相続人全員の協力が必要なので、遺言書で遺言執行者を指定しておいたほうがよいでしょう。受遺者自身を遺言執行者に指定することも可能です。

☑ 内縁の配偶者に全財産を包括遺贈する文例

内縁の夫が全財産を内縁の妻に包括遺贈する文例。内縁の妻は氏名、生年月日、住所などで特定する。どちらが先に亡くなるかわからないため、内縁の妻も全財産を内縁の夫に包括遺贈する旨の遺言書をつくっておくとよい。

第1条　遺言者は、遺言者の有する一切の財産を、内縁の妻川越梅子（昭和〇年〇月〇日生、住所：埼玉県東松山市〇〇〇〇）に包括して遺贈する。

第2条　遺言者は、この遺言の遺言執行者として前記川越梅子を指定する。

2　遺言者は、遺言執行者に対し、次の権限を授与する。

（1）預貯金その他の相続財産の名義変更、解約及び払戻し

（2）その他この遺言の執行に必要な一切の行為をすること

相続開始後、不動産や預貯金の遺贈の手続きは、受遺者と遺言者の相続人全員とで行う。遺言執行者がいれば、受遺者と遺言執行者で手続きができるので、遺言書で遺言執行者を指定しておいたほうがよい。

28 相続人以外の人も遺産分割協議に参加させる

相続権がない人の例

　内縁の配偶者に限らず、遺産を渡したい人に相続権がないため、遺言書をつくっておいたほうがよいケースがあります。

　たとえば、子の配偶者です。子が先に亡くなって、高齢の遺言者の世話を子の配偶者がしていたとしても、子の配偶者は遺言者の相続人ではありません。遺産を渡したいのであれば遺言書をつくっておきましょう。配偶者の連れ子も、養子縁組していないのであれば、相続人とはならないため注意が必要です。

▼ 上記事例の家族構成

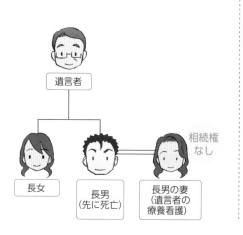

遺言者

長女

長男
（先に死亡）

相続権
なし

長男の妻
（遺言者の
療養看護）

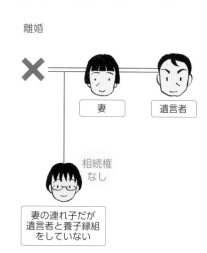

離婚

妻

遺言者

相続権
なし

妻の連れ子だが
遺言者と養子縁組
をしていない

割合による包括遺贈

　目的物を特定せずに相続財産の一定の割合を遺贈することもできます。

　このような遺贈も包括遺贈と言いますが、個々の財産の取得者を決めるには受遺者と相続人とで遺産分割協議が必要です。遺産分割協議が難しそうな場合は、特定遺贈にしておいたほうがよいでしょう。

◆アドバイス
遺言者の死亡以前に受遺者が死亡した場合や、受遺者が包括遺贈を放棄した場合の予備的遺言を記載することも検討しましょう。

✓ 1人の受遺者に割合で包括遺贈する文例

　全財産のうちの一部を相続人以外に包括遺贈する文例。残りの部分は相続人が相続する。個々の財産の取得者を決めるには、受遺者と相続人とで遺産分割協議を行う。

第○条　遺言者は、遺言者の有する一切の財産のうち3分の1を、川越春子（昭和○年○月○日生、住所：埼玉県東松山市○○○○）に包括して遺贈する。

✓ 全財産を複数人に包括遺贈する文例

　全財産を、割合を定めて複数人に包括遺贈する文例。

第○条　遺言者は、遺言者の有する一切の財産を、下記受遺者らに、それぞれに記載する割合で包括して遺贈する。

記
（1）川越春子（昭和○年○月○日生、住所：埼玉県東松山市○○○○）　10分の7
（2）高坂陸雄（昭和○年○月○日生、住所：埼玉県東松山市○○○○）　10分の3

世話をしてくれる甥姪に遺贈する

兄弟姉妹や甥姪がたくさんいる

　独身で兄弟姉妹や甥姪がたくさんいる人がいたとします。この人が亡くなると、子がおらず、親などの直系尊属も全員亡くなっている場合は、兄弟姉妹（代襲相続が発生していれば甥姪）が相続人となります。不動産や預貯金の相続手続きをするには、相続人全員で遺産分割協議をしなければなりません。

　相続人の人数が多く、交流もない状態だと遺産分割協議が難航する可能性があります。高齢の兄弟姉妹の中には認知症で遺産分割協議ができない人も出てくるかもしれません。

▽ 右ページ事例の家族構成

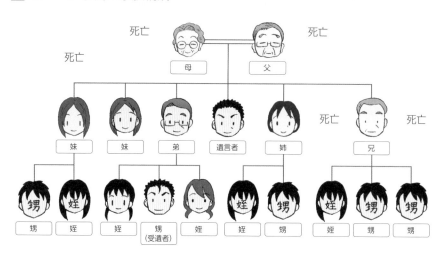

Point
- 兄弟姉妹や甥姪が相続人になる場合、相続人の数が非常に多くなり、遺産分割協議が困難になる可能性がある
- 遺産を渡したい人がいるなら遺言書をつくっておく

相続開始時に相続人の地位にあるかわからない場合

たとえば、よく世話をしてくれる弟の子(甥)に遺産を渡したい場合、弟が存命であれば、甥はその時点では遺言者の推定相続人ではありません。しかし、遺言者の相続開始時には弟が亡くなっていて、甥が遺言者の相続人になる可能性があります。

相続開始時に相続人の地位にあるかわからない場合は、まず、「甥○○に遺贈する」と記載して、「相続開始時に、甥○○が遺言者の法定相続人の地位にある場合には、『遺贈する』とあるのは、『相続させる』と読み替えるものとする」などと読み替え規定を設けておくとよいでしょう。

✓ 「遺贈する」を「相続させる」に読み替える規定の文例

遺言書作成時においては、相続開始時に甥が相続人の地位にあるかわからないので、「遺贈する」と記載する。

第1条 遺言者は、遺言者の有する一切の財産を、遺言者の甥川越一郎（昭和○年○月○日生、住所：埼玉県東松山市○○○○）に包括して遺贈する。

第2条 遺言者の相続開始時に、前記甥川越一郎が遺言者の法定相続人の地位にある場合には、第1条中「包括して遺贈する」とあるのは、「相続させる」と読み替えるものとする。

（以下略）

遺言者の死亡以前に弟（甥の親）が亡くなっていた場合、甥が遺言者の法定相続人になる。この場合に、「包括して遺贈する」の文言を「相続させる」と読み替える規定を設けておく。

30 世話をしてくれた相続人の相続分を増やす

アドバイス

相続開始後の遺産分割協議が難しいことが予想されるなら、各財産を誰に相続させるのか遺言書で決めておきましょう。結局、遺産分割協議が必要になるため、相続分の指定だけをする遺言書はほとんど見かけません。

アドバイス

寄与分は法定遺言事項ではないので、遺言で決めることができません。そのため、寄与分を考慮して遺言書で相続分を指定しても、寄与分のある相続人は、相続開始後、さらに寄与分による相続分の修正を求めることができます。拘束力はありませんが、寄与分を考慮したうえで相続分の指定をしたのであれば、その旨を付言事項として遺言書に記載しておきましょう。

遺言で相続分を指定する

親と3人の子がいて、長女が親と同居して高齢の親の世話をしていたとします。親は、長女が世話をがんばってくれているから、長女に多く遺産を相続してもらいたいと思っていました。

しかし、相続開始後の遺産分割協議において、長女のがんばりをほかの相続人が考慮してくれるかはわかりません。寄与分の制度もありますが、寄与分が認められるには、被相続人との身分関係において通常期待される程度を超える貢献が必要とされていますし、被相続人の財産の維持・増加に貢献していなければなりません。長女のがんばりは遺産分割で評価されない可能性があるのです。

がんばりを考慮して各相続人の相続分を指定する

上記の事例の対策として、親が、長女のがんばりを踏まえて、遺言書で各相続人の相続分を指定しておくことが考えられます。

ただし、この方法は法定相続分と異なる相続分を指定するだけですので、相続開始後、遺言書で指定された相続分を基準として相続人全員で遺産分割協議をすることになります。

● 遺言で相続分を指定することもできる
● 相続分を指定しても、個々の財産を単独で取得する場合
は、遺産分割協議が必要となる

☑ 相続分を指定する文例

第○条　遺言者は、次のとおり相続分を指定する。
長女　坂戸竹子（昭和○年○月○日生）　10分の6
長男　川越一郎（昭和○年○月○日生）　10分の2
二女　熊谷梅子（昭和○年○月○日生）　10分の2

遺言者は、遺言で共同相続人の相続分を指定できる。一部の
相続人の相続分だけを指定することもできるが、疑義が生じ
ないように全員の相続分を指定しておいたほうがよい。

☑ 相続分の指定を委託する文例

第○条　遺言者は、相続人全員につき、その相続分の指定をすることを、次
の者に委託する。
住所　　　　埼玉県東松山市○○○○
氏名　　　　高坂陸雄
生年月日　昭和○年○月○日生

相続分の指定を第三者に委託することもできる。この第三者
に、相続人や包括受遺者はなれないとするのが通説。

Q 遺言書で一部の相続人のみの相続分を指定した場合、
ほかの相続人の相続分はどうなるの？

A ほかの相続人の相続分は法定相続分の規定に従って定まります。ただし、
ほかの相続人の中に配偶者がいる場合は解釈が分かれますので、できれ
ば全員の相続分を遺言書で指定しておきましょう。

31 配偶者の住居を確保する

○用語解説

配偶者居住権

相続開始時に被相続人の所有していた建物に配偶者が居住していた場合、配偶者がその建物を無償で使うことができる権利。遺産分割や遺贈等で取得できる。

○アドバイス

配偶者居住権の問題は、配偶者の存命中、不動産の所有者となった相続人は現実的に不動産を売ることができないこと。途中で配偶者が施設に移り住み、自宅不動産が空き家となっても、配偶者居住権はついたままであるため、その状態で不動産を買いたいという買主はほとんどいないでしょう。配偶者居住権を合意解除するという方法もありますが、この場合、不動産所有者に贈与税が課税されることになります。

主だった財産が自宅不動産のみ

子(長男)が1人いる夫婦がいたとして、夫の主だった財産が自宅不動産のみだったとします。

また、自宅不動産には夫と妻が住んでいると仮定して考えてみましょう。

この場合、夫が亡くなった後、自宅不動産のほかに遺産がないとしたら、長男に「不動産を売って、売却代金を分けよう」と言われてしまうと、自宅不動産に住んでいる妻は困ってしまいます。

そうならないように、夫が生前に、自宅不動産を妻に相続させる旨の遺言書をつくっておくことが対策として考えられます。

配偶者居住権を遺贈する

遺言書をつくった場合でも、主だった財産が自宅不動産のみだと、妻に対して、長男から遺留分侵害額を請求されるかもしれません。

そこで、**配偶者居住権**を妻に遺贈して、長男に自宅不動産の所有権を相続させる内容の遺言書をつくっておくことが考えられます。

長男にも不動産を相続させているので、遺留分の問題を解消できます。

Point
● 主だった財産が自宅不動産のみなら、自宅不動産を配偶者に相続させる旨の遺言書をつくる
● 配偶者居住権を遺贈することも考えられる

✔ 自宅不動産を妻に相続させる文例

第○条　遺言者は、遺言者の有する下記不動産を、遺言者の妻川越松子（昭和○年○月○日生）に相続させる。

記

```
所　　在　　東松山市○○○○
地　　番　　○番○
地　　目　　宅地
地　　積　　150・00 ㎡

所　　在　　東松山市○○○○　○番地○
家屋番号　　○番○
種　　類　　居宅
構　　造　　木造かわらぶき2階建
床 面 積　　1階　60・00 ㎡
　　　　　　2階　60・00 ㎡
```

不動産については、法務局で登記事項証明書を取得して、登記事項証明書の通り正確に記載する。

✔ 配偶者居住権を遺贈する文例

配偶者以外の相続人に、配偶者居住権の負担が付いている自宅不動産の所有権を相続させて遺留分の問題を解消する。

第○条　遺言者は、遺言者の有する下記不動産を、遺言者の長男川越一郎（昭和○年○月○日生）に相続させる。ただし、下記建物には次条の配偶者居住権が設定されている。

（中略）

第○条　遺言者は、前条に記載する建物の配偶者居住権を、遺言者の妻川越松子（昭和○年○月○日生）に遺贈する。

配偶者居住権が「遺贈」の目的とされたときに、居住していた建物を無償で使用する権利を取得すると民法で規定されているので、「遺贈する」という文言を使う。配偶者居住権の存続期間は、原則的には配偶者が生きている間となるが、遺言書で別途、存続期間を定めることもできる。

179

32 家を建てた子に 土地を相続させる

●アドバイス
相続人に不動産を「相続させる」旨の遺言であれば、その相続人が単独で相続登記を申請できます。ほかの相続人の協力は必要ないので、遺言執行者がいなくても差し支えありません。

土地のことだけ遺言しておく

　親の土地に、子が家を建てて住んでいるというケースもあります。遺言書がない場合、親が亡くなると、その土地も遺産分割協議の対象となりますが、万が一、家を建てた子が土地を相続できないと大変なことになります。

　そこで、家を建てた子に土地を相続させる旨の遺言書を、親がつくっておくという対策が考えられます。遺言書には一部の財産だけを記載することもできます。したがって、土地以外の財産は相続人同士の遺産分割協議にゆだねるということであれば、土地についてだけ遺言書に記載します。

☑ 遺言書の作成を検討したいケース

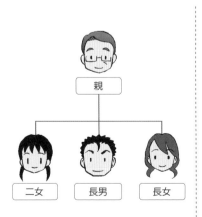

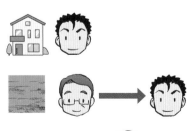

建物は長男の所有。

土地は親の所有。

土地を長男に相続させる遺言書をつくっておく。

180

- 土地上に家を建てている子に、その土地を相続させる旨の遺言書をつくっておく
- 一部の財産についてだけの遺言書をつくることも可能

遺言書に土地のことだけを記載した場合、ほかの財産については相続人全員で遺産分割協議をして各財産の取得者を決めます。

この際、遺言書で土地を相続した子は、土地分が特別受益として扱われ、その人の相続分から土地の価額分が控除されます。

▽ 土地のことだけ遺言書に記載する文例

第1条　遺言者は、遺言者の有する下記不動産を、遺言者の長男川越一郎（昭和○年○月○日生）に相続させる。

記

所　在	東松山市○○○○
地　番	○番○
地　目	宅地
地　積	150・00 ㎡

土地上に家を建てた子に、その土地を相続させる文例。必ずしも、遺言書にすべての財産について記載しなければならないわけではない。土地のことだけを記載することも可能。

遺言で相続した財産の持戻しを免除する

「相続させる」旨の遺言で取得した財産も特別受益である

3人の子がいる親が、長男のみに特定の土地を相続させる旨の遺言書をつくり、その土地以外の財産については相続人の遺産分割協議にゆだねようと考えていたとします。その後、親が亡くなり、3人の子が相続人で、親の相続財産が土地（価額1000万円）と預貯金2000万円だったとします。土地は親のつくった遺言書により長男が相続し、預貯金2000万円については遺産分割協議の対象となります。親の相続財産が合計3000万円で各相続人の法定相続分は3分の1なので、1人あたり1000万円という計算になります。遺言で相続した土地は特別受益として扱われ、**持戻し**が行われるため、相続分の価額1000万円から特別受益1000万円を控除した額が長男の相続分です。つまり、長男は土地以外に取得する分がありません。

特別受益の持戻しを免除する

被相続人は特別受益の計算について民法の規定と異なる意思表示ができます。もし、土地の分は考えない相続分で、ほかの財産の遺産分割をしてほしいということであれば、遺言で持戻し免除の意思表示をしましょう。

Point
● 「相続させる」 旨の遺言で取得した財産も特別受益となり、
　取得した相続人の相続分はその分だけ減る
● 遺言で特別受益の持戻しを免除する意思表示ができる

 持戻し免除の例

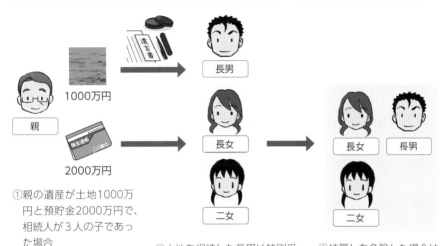

①親の遺産が土地1000万
　円と預貯金2000万円で、
　相続人が3人の子であっ
　た場合

②土地を相続した長男は特別受
　益により相続分を満たしてい
　るので、それ以外の財産につ
　いて取得する分がない

③持戻しを免除した場合は、
　土地のことは考えないで、
　3人でほかの財産を遺産
　分割する

☑ 相続させた土地の持戻し免除の意思表示をする文例

第1条　遺言者は、遺言者の有する下記不動産を、遺言者の長男川越一郎（昭和○
　　年○月○日生）に相続させる。

　　　　　　　　　　　　　記

　　　所　　在　東松山市○○○○
　　　地　　番　○番○
　　　地　　目　宅地
　　　地　　積　150・00㎡

第2条　遺言者の相続財産について遺産分割をする場合、この遺言による相続財産の
　　持戻しを免除し、前記長男川越一郎の相続分から前条に記載する財産の価額を控除
　しないものとする。

　　　　　　　　土地を長男に相続させることだけ
　　　　　　　　を記載し、ほかの財産については
　　　　　　　　相続人の遺産分割協議にゆだねる。

　　　　　　　　土地以外の財産を遺産分割する際に、土地の分を長男の
　　　　　　　　相続分から差し引かない扱いにする文例。

183

34 相続分から生前贈与分を差し引かないようにする

特別受益の持戻しを免除する場合

被相続人から特別受益に該当する生前贈与（婚姻・養子縁組のため、または生計の資本としての贈与）を受けた相続人がいる場合、相続開始時の財産に贈与の価額を加えたものを相続財産とみなして、各相続人の相続分を計算します。そして、生前贈与を受けた相続人の相続分からは贈与の価額が控除されます（特別受益はP.36参照）。

たとえば、親から長男だけが住宅購入資金として1000万円の生前贈与を受けていた場合、相続開始後の長男の相続分は生前贈与の分だけ少なくなります。しかし、被相続人はこれと異なる意思表示ができますので、特別受益に該当する贈与があったとしても、相続分の計算にあたって、特別受益を考慮しないとすることも可能です。

生前贈与を考慮して
長男には相続させない場合

一部の相続人に特別受益に該当する生前贈与を行ったため、その相続人には何も相続させない内容の遺言書をつくるケースがあるかもしれません。ただし、この場合、相続財産をもらえなかった相続人が「自分は生前贈与を受けていない」とし、遺留分侵害額の請求をしてくる可能性もあります。

アドバイス
特別受益に該当する贈与があったとしても、相続分の計算に特別受益を考慮しないとすることを「特別受益の持戻し免除の意思表示」と言います。

アドバイス
婚姻期間が20年以上の夫婦の一方が、配偶者に対し、居住用の不動産について遺贈または贈与をした場合は、特別受益の持戻し免除の意思表示をしたものと推定されます。これにより、遺産分割における配偶者の取り分が増えることになります。

アドバイス
一律に特別受益の持戻しを免除する場合は、「第〇条　遺言者が相続人らにした生前贈与が特別受益に該当する場合でも、特別受益としての持戻しを免除し、その贈与の価額を相続財産に加えないものとする」などと遺言書に記載する。

● 特別受益を受けた相続人の相続分はその分減るが、遺言で特別受益の持戻しを免除することもできる
● 生前贈与について付言事項に記載して手がかりを残す

　その対策として、拘束力はないですが、遺言書の付言事項で生前贈与の日付、金額、受贈者、贈与した理由等を記載しておくことが考えられます。

✓ 特別受益の持戻し免除の意思表示をする文例

第○条　遺言者は、遺言者の長男川越一郎（昭和○年○月○日生）に対し、令和○年○月○日、住宅購入資金として金 1000 万円を贈与したが、特別受益としての持戻しを免除し、同贈与の価額を相続財産に加えず、前記長男川越一郎の相続分から控除しないものとする。

相続分を算定するうえで、長男に対してした特別受益に該当する贈与については、計算に入れなくてよいとする文例。

✓ 特別受益に該当する贈与があったことを明示する文例

（付言事項）
　遺言者は、遺言者の長男川越一郎（昭和○年○月○日生）に対し、令和○年○月○日、住宅購入資金として金 1000 万円を贈与した。この特別受益を考慮して、本遺言では、前記長男川越一郎に何も相続させないこととした。

相続人の１人に特別受益に該当する贈与をしていたため、遺言書ではその相続人に財産を何も相続させなかった場合に、その贈与の内容を付言事項として記載する文例。拘束力はないが、相続人間で争いになったときに、贈与の内容や価額の手がかりとなる。

35 認知症の配偶者の扶養を義務付ける

🔵用語解説

成年後見人

認知症や精神的な障害などによって判断能力が不十分な人を保護・支援する役割を担う人のこと。預貯金や不動産などの財産を管理したり、必要な福祉サービスや医療が受けられるように契約の締結や医療費の支払いなどを行ったりする。

認知症の相続人がいる場合の遺産分割

　夫と妻、長男、長女の4人家族がいて、妻が認知症だったとします。この状態で夫が亡くなると、妻、長男、長女の3人で遺産分割協議をすることになります。しかし、妻が認知症で判断能力が低下していると、遺産分割協議ができない可能性があります。遺産分割協議を進めたいなら、家庭裁判所に妻の**成年後見人**を選任してもらい、成年後見人が妻を代理して遺産分割協議に参加することになります。

　なお、成年後見人がついた場合、基本的には妻の法定相続分を確保する内容の遺産分割にする必要があります。

成年後見人は付けるとよい場合

成年後見人を付けることになる主な原因は、判断能力の低下により遺産分割協議ができない場合のほか、金融機関が判断能力の低下に気付いて預貯金が下ろせなくなったり、不要となった不動産を売ったりしたい場合などです。成年後見人の候補者として家族を挙げることもできますが、最終的には家庭裁判所が誰を成年後見人にするか決めます。専門職が成年後見人に選任された場合、継続的に後見人報酬がかかることになります。しかし、裁判所の統計から算定すると、家族を候補者にした場合、8割以上の割合で家族が成年後見人に選任されていると考えられます。

Point
● 認知症で判断能力が低下した相続人がいる場合、遺産分割協議をするために成年後見人の選任が必要となる
● 遺言で配偶者の扶養義務を負わせることができる

遺言書で扶養義務を負わせる

　夫が生前に遺言書をつくっておけば、遺言書を使って相続手続きができるので、遺産分割協議のために成年後見人を選任する必要がなくなります。

　この場合、相続人の1人に財産を相続させる負担として、遺言者の妻を扶養する義務を負わせるという内容にすることも可能です。万が一、この相続人が妻の扶養義務を履行しなかった場合、ほかの相続人は相当の期間を定めて履行の催告をすることができます。そして、その期間内に履行がない場合は、負担付相続に係る遺言の取消しを家庭裁判所に対して請求することができるとするのが多数説です。

○アドバイス

認知症の妻に遺産を渡す方法として家族信託を利用することも考えられます。たとえば、夫（長男の父親）が長男と信託契約を結び、長男にお金を信託します。長男はお金を管理して、夫の存命中は夫の生活費、施設費、医療費などの支払いにお金を使います。夫が亡くなった場合、長男は引き続きお金を管理して、今度は、妻（長男の母親）の生活費、施設費、医療費などの支払いにお金を使います。

☑ 子に遺言者の配偶者の扶養義務を負担させる文例

第○条　遺言者は、遺言者の有する下記財産を、遺言者の長男川越一郎（昭和○年○月○日生）に相続させる。ただし、前記長男川越一郎は、下記財産を相続することの負担として、遺言者の妻川越松子（昭和○年○月○日生）が死亡するまで、同人が、在宅生活が可能な場合は同人と同居し、入院が必要な場合は適切な医療機関に入院させ、施設入所が必要な場合は適切な施設に入所させて、同人を扶養しなければならない。

記

（以下略）

財産を相続することの負担として、長男に、遺言者の妻を扶養する義務を負わせる文例。

○用語解説

準共有

複数人で所有権以外の財産を持っている状態。

相続発生時の自社株式の問題

　会社経営者の父親が自社の全株式200株を持っていたとします。父親が亡くなり、相続人が長男と長女の２人だったとすると、自社株式は、１株が長男２分の１、長女２分の１の**準共有**状態になります。つまり、長男と長女が準共有の株式が200株あるということになります。

　準共有状態の株式の議決権は、株式の持分価格の過半数で議決権を行使する人を決めることになります。しかし、長男と長女の割合は２分の１ずつで、どちらも過半数に達しておらず、２人の意見が一致しないと議決権を行使する人を決められません。その結果、株主総会決議ができずに、会社経営に支障が出る可能性があります。

　株式の準共有状態を解消するには、相続人全員で遺産分割協議をして株式の分け方を決めなければなりません。

遺言書で後継者に相続させる

　会社の後継者が決まっているなら、後継者に株式を相続させる旨の遺言書をつくっておきましょう。会社の株式の数は増資、株式の併合、株式の分割などで増減する可能性があるので、株式の数を特定せずに「すべての株式」と記載したほうがよ

株主が認知症により株式の議決権行使ができなくなるリスクもあります。対策として任意後見契約や家族信託が考えられます。

Point
● 遺産分割協議がまとまるまで自社株式の議決権行使ができない可能性があるので遺言書をつくっておく
● 株主の数が多いと会社経営に支障が出る可能性がある

いでしょう。複数の人に自社株式を相続させるケースがあるかもしれませんが、相続を繰り返すうちに株主の数が多くなりすぎると、株主総会決議に支障が出て、安定した会社経営ができなくなる可能性があります。

☑ すべての自社株式を長男に相続させる文例

第○条　遺言者は、遺言者の有する株式会社カワゴエ商事（本店：埼玉県東松山市○○○○）のすべての株式を、遺言者の長男川越一郎（昭和○年○月○日生）に相続させる。

自社株式が増減する可能性を考えて、「すべての株式」と記載する。

☑ 自社株式を長男と長女に相続させる文例

複数人に相続させる場合でも、株式の増減を考えて割合で示したほうがよい。準共有の持分割合を指示したのではなく、指定した割合で算出した株数を取得させる趣旨だと明示するために「株数で」という文言を入れておく。

第○条　遺言者は、遺言者の有する株式会社カワゴエ商事（本店：埼玉県東松山市○○○○）の一切の株式について、株数で、遺言者の長男川越一郎（昭和○年○月○日生）に4分の3、遺言者の長女坂戸竹子（昭和○年○月○日生）に4分の1を相続させる。端数は、前記長男川越一郎に相続させる。

端数が生じる可能性もあるので、それを相続させる人も記載しておく。

37 ペットの世話を頼む

負担付遺贈でペットの世話を頼む

ペットを飼っている人の場合、自分が他界した後のペットの生活について心配されることも多いかと思います。ペットの世話を頼める家族がいない場合、第三者に頼むケースも出てくるのではないでしょうか。

ペットには、フード代や治療費、トリミング代、予防接種費用など、さまざまなお金がかかるので、これらをまかなえるお金を第三者に遺贈して、その負担としてペットの世話を義務付ける**負担付遺贈**を遺言で行うという方法が考えられます。

負担付遺贈の注意点

負担付遺贈の受遺者は、遺贈された財産の価額を超えない範囲でのみ、義務を履行する責任を負うので、ペットが天寿をまっとうするまでの費用をまかなえる財産を遺贈したほうがよいでしょう。

また、負担付遺贈の受遺者は遺贈の放棄をすることもできますので、ペットの世話を引き受けてくれるかどうか、生前に受遺者の意思を確認しておきましょう。

なお、負担付遺贈の受遺者がペットの世話をしない場合でも自動的に遺贈が無効になるわけではありません。受遺者が義務を履行しない場合、相

Point
● ペットの世話を義務付ける負担付遺贈を遺言でできる
● 遺贈は放棄することもできるので、受遺者の意向を生前に確認しておく

続人や遺言執行者は、相当の期間を定めて履行を催告し、その期間内に履行がないときは、遺言の負担付遺贈の部分の取消しを家庭裁判所に請求できます。

　万が一、受遺者がペットの世話をしなかった場合に備えて、受遺者とは違う人を遺言執行者に指定しておくことも考えられます。

第1条　遺言者は、遺言者の有する下記の財産を、高坂陸雄（昭和○年○月○日生、住所：埼玉県東松山市○○○○）に遺贈する。

記

（1）愛犬タロー（犬種：柴犬、オス）
（2）預金（うさぎ銀行○○支店
　　　　　普通預金　口座番号XXXXXXX）

> 預金の遺贈を受ける負担として、ペットの世話をすることを義務付けている。

第2条　前記高坂陸雄は、前条記載の遺贈を受ける負担として、愛犬タローを、終生愛情をもって世話し、タローの死後はペット霊園○○（住所：埼玉県○○市○○○○）に埋葬し、供養しなければならない。

第3条　遺言者は、この遺言の遺言執行者として前記高坂陸雄を指定する。
2　遺言者は、遺言執行者に対し、次の権限を授与する。
（1）預貯金その他の相続財産の名義変更、解約及び払戻し
（2）その他この遺言の執行に必要な一切の行為をすること

> 遺贈の手続きは、受遺者と遺言者の相続人全員とで行う。遺言執行者がいれば、受遺者と遺言執行者で手続きできるので、遺言書で遺言執行者を指定しておいたほうがよい。

婚姻外の子を認知する

遺言で認知する

　婚姻関係にない男女の間に生まれた子の場合、母親とは出産により親子関係となります。しかし、父親とは、法律上の親子関係となるのに、父親の認知が必要です。

　父親が認知すると、認知された子は父親の相続人となります。生前に、父親が認知するには市区町村役場に認知届を提出します。なお、認知は遺言によってもすることができます。

　成人となった子を認知するには、本人の承諾が必要で、胎児を認知するには母親の承諾が必要となります。死亡した子については、その子に直系卑属がいるときは認知することができます。

遺言執行者が認知届を提出する

　遺言による認知の場合、相続開始後、遺言執行者が認知届を提出します。遺言執行者は、就職の日から10日以内に市区町村役場に認知届を提出しなければなりません。認知届をスムーズに提出してもらうために、遺言書で信頼できる人を遺言執行者に指定しておきましょう。

　遺言書で遺言執行者を指定しなかった場合、相続開始後、利害関係人は家庭裁判所に遺言執行者の選任を請求できます。

Point
- 婚姻外の子を遺言で認知することができる
- 相続開始後、遺言執行者が認知届を提出する必要があるので、遺言書で遺言執行者を指定しておくほうがよい

☑ 婚姻外の子を認知する文例

相続開始後の認知届提出の際に本籍や筆頭者などの情報を記入するので、手がかりになるように、これらの情報も記載しておく。

第○条　遺言者は、鳩山冬夫（平成○年○月○日生、本籍：埼玉県東松山市○○○○、戸籍の筆頭者：鳩山○○○）を認知する。

第○条　遺言者は、遺言者の有する下記金融機関に存在する預金を、前記鳩山冬夫に相続させる。

記

うさぎ銀行

（中略）

第○条　遺言者は、この遺言の遺言執行者として○○○○（昭和○年○月○日生、住所：埼玉県東松山市○○○○）を指定する。
2　遺言者は、遺言執行者に対し、次の権限を授与する。
（1）預貯金その他の相続財産の名義変更、解約及び払戻し
（2）その他この遺言の執行に必要な一切の行為をすること

遺言による認知の場合、遺言執行者は就職の日から10日以内に市区町村役場に認知届を提出する。遺言書で信頼できる人を遺言執行者に指定しておいたほうが、この手続きがスムーズにいく。

生前に認知した子がいるかは父親の戸籍でわかる

父親が生前に認知した子がいる場合、父親の戸籍に認知した子の氏名や本籍が記載されます。認知の後に、転籍や戸籍の改製があると、認知した子の情報が直近の戸籍には載りません。しかし、遺言書がない場合、財産の相続手続きには、被相続人の出生から死亡までの一連の戸籍謄本が必要ですので、認知した子の存在もわかります。認知した子も相続人なので、遺産分割協議をする場合は、これに参加することになります。

39 相続人を廃除する

○アドバイス
家庭裁判所は諸般の事情を考慮して、廃除を認めるかどうか判断します。廃除が認められれば、その相続人は相続権を失いますので、遺留分侵害額請求もできなくなります。

○アドバイス
廃除事由に該当する具体的な行為は、本人でないとわからない部分もあります。そのため、推定相続人を廃除したいのであれば、生前に家庭裁判所に廃除の審判申立をしたほうが望ましいでしょう。

推定相続人の廃除

　財産を渡したくない相続人がいる場合、ほかの相続人だけに財産を相続させる内容の遺言書をつくっておくことが考えられます。ただ、兄妹姉妹以外の法定相続人には遺留分があり、相続開始後、遺留分侵害額請求をされる可能性があります。遺留分を有する推定相続人が、被相続人を虐待したり、被相続人に対して重大な侮辱をしたり、著しい非行があったりした場合は、被相続人はその推定相続人の廃除を家庭裁判所に対して請求することができます。

　また、被相続人は遺言で廃除の意思表示をすることもできます。この場合、遺言執行者が、相続開始後、相続人の廃除を家庭裁判所に請求することになります。

家庭裁判所が認めるとは限らない

　家庭裁判所は無条件に廃除を認めるというわけではありません。廃除となれば遺留分も認められないので、それ相応の理由が必要となるでしょう。遺言執行者はこの理由を家庭裁判所に対して説明することになりますので、生前に遺言執行者になる予定の人に十分な情報を伝え、根拠となる資料を渡しておきましょう。

Point
- 被相続人に対する虐待・侮辱、その他著しい非行があった推定相続人を廃除して相続権をなくすことができる
- 家庭裁判所が廃除を認めるとは限らない

☑ 推定相続人を廃除する文例

推定相続人を廃除する旨を記載する。遺言書は不動産や預貯金の相続手続きにも使うので、廃除の理由について遺言書には概略だけを記載し、詳細な内容は別途書面にして公証人の認証を受けておくという方法も考えられる。

第○条　遺言者の長男川越一郎（昭和○年○月○日生）は、平成○年から遺言者を虐待し、侮辱し続けてきたため、遺言者は前記長男川越一郎を相続人から廃除する。

（中略）

第○条　遺言者は、この遺言の遺言執行者として○○○○（昭和○年○月○日生、住所：埼玉県東松山市○○○○）を指定する。

遺言により相続人の廃除の意思表示がされた場合、遺言執行者は、相続開始後、家庭裁判所に廃除を請求しなければならない。

☑ 推定相続人の廃除を取り消す文例

生前に推定相続人の廃除が行われていた場合でも、被相続人はいつでも、推定相続人の廃除の取消しを家庭裁判所に対して請求することができる。廃除の取消しの意思表示は遺言することもできる。この場合、相続開始後、遺言執行者が家庭裁判所に廃除の取消しの請求をすることになる。

第○条　遺言者は、長男川越一郎（昭和○年○月○日生）についての廃除を取り消す。

（中略）

第○条　遺言者は、この遺言の遺言執行者として○○○○（昭和○年○月○日生、住所：埼玉県東松山市○○○○）を指定する。

40 未成年者の後見人を指定する

用語解説

未成年後見人

親権者の死亡などの理由により、親権者がいなくなってしまった未成年者を保護・支援する役割を担う人のこと。身上監護や財産の管理、その他の必要なサービスの契約などを行う。

未成年後見監督人

後見人が未成年者に対して、財産管理や身上監護などを適切に行っているかを監督する人。

アドバイス

未成年後見監督人は必ず置かなければならないわけではありません。遺言での指定がない場合、家庭裁判所は、必要があると認めるときは、未成年後見監督人を選任します。

未成年後見人の指定

未成年者に親権者がいないときは、後見が開始します。この未成年者の後見人となる人を、未成年者の最後の親権者は、遺言で指定することができます。未成年者の最後の親権者とは、たとえば、親権者である父母の一方が死亡して単独親権者になった場合や、認知されていない非嫡出子の母親などです。

万が一、自分が亡くなった場合に、未成年者である子の後見人をやってもらいたい人がいるなら、遺言書でその人を**未成年後見人**に指定しておきましょう。その場合、あらかじめその人の了承をもらっておいたほうがよいでしょう。

なお、遺言による未成年後見人の指定がない場合は、未成年者やその親族の請求により、家庭裁判所が未成年後見人を選任します。未成年後見人は未成年者の財産管理、生活・医療等の契約・手続きなどを行います。

未成年後見監督人の指定

未成年後見人を監督する役割の人を**未成年後見監督人**と言いますが、未成年者の最後の親権者は、遺言で、未成年後見監督人を指定することもできます。

Point
- 未成年者の最後の親権者は遺言で未成年後見人を指定することができる
- 未成年後見監督人を指定することもできる

✓ 未成年後見人を指定する文例

第○条　遺言者は、未成年者である長女熊谷楓（令和○年○月○日生）の未成年後見人として、次の者を指定する。

　　　　住所　　　　埼玉県東松山市○○○○

　　　　氏名　　　　坂戸竹子

　　　　生年月日　　昭和○年○月○日

未成年者の最後の親権者は、遺言で、未成年後見人を指定することができる。

✓ 未成年後見監督人を指定する文例

第○条　遺言者は、未成年者である長女熊谷楓（令和○年○月○日生）の未成年後見監督人として、次の者を指定する。

　　　　住所　　　　埼玉県東松山市○○○○

　　　　氏名　　　　高坂陸雄

　　　　生年月日　　昭和○年○月○日

未成年者の最後の親権者は、遺言で、未成年後見監督人を指定することもできる。なお、未成年後見監督人は必ず置かなければならないものではない。

第4章　ケース別の遺言書の文例

197

41 外国人の相続手続きの負担を軽減する

外国人の相続手続きはどうなる？

日本に住んでいる外国人が亡くなった場合、相続の法律については、その外国人の本国の法律が適用されます。ただし、その国の法律で、「日本の法律による」と規定されていれば、日本の法律が適用されます。亡くなった外国人の日本にある財産の相続手続きをするにあたり、相続関係を証明する書類が必要ですが、日本のような戸籍制度がある国はほとんどありません。被相続人の死亡の事実や、被相続人の相続人が誰かという証明書を、被相続人の本国官公署（役場）や在外公館（大使館・領事館）で取得することになるでしょう。

遺言書をつくる

日本に住む外国人が遺言書をつくることにより、相続手続きの際、遺言書で財産を相続する人が、遺言者の相続人であるという証明だけで足りることになります。つまり、ほかの相続人の存在についての証明が不要となり、証明することの範囲を狭めることができます。なお、日本にいる外国人は、民法が定める方式で遺言できます。検認手続きでは法定相続人が誰なのかを証明する書類を要求されますので、検認手続きをしなくてよいように、公正証書遺言にしたほうがよいでしょう。

Point
- 外国人の相続手続きでは誰が相続人であるかを証明する書類の入手が困難となる可能性がある
- 公正証書遺言をつくっておくことで手続きの負担が減る

☑ 在日韓国人の遺言の文例

> 第○条　遺言者は、相続の準拠法として、遺言者の常居所地法である日本法を指定する。

大韓民国が本国である場合、相続については被相続人の本国法が適用される。ただし、遺言書作成時に日本に居住しており、死亡するまで日本に居住していた場合は、遺言で日本法を指定することにより、相続関係の法律について日本法が適用される。在日韓国人で相続について日本法を適用したい場合は、遺言書に、日本法を指定する条項を入れておく※。

※大韓民国以外の国では同様の法律は見受けられないため、この文例は在日韓国人のみ使える。

☑ 遺言の対象を日本国内の財産に限定する文例

日本と海外に財産がある場合において、日本で作成する遺言書の対象は日本国内の財産に限定する文例。海外にある財産は、別途、現地で作成する遺言書に「海外にある財産が対象である」旨を記載する。日本で作成した遺言書と海外で作成した遺言書等とで矛盾や抵触が起きないようにする。

> 第○条　この遺言の対象は、日本国内にある財産とする。
>
> （中略）
>
> （付言事項）
>
> 日本国外にある財産については、現地の方式で別途遺言書を作成しておりますので、その遺言書にもとづいて手続きしてください。

海外にある財産については、現地で遺言書をつくったり、それに類似した手続きを取ったりしたほうがよい。

外国から帰化した人も遺言書をつくったほうがよい

不動産や預貯金の相続手続きには被相続人の出生から死亡までの一連の戸籍謄本が必要です。帰化して日本人になった人の場合、帰化前の戸籍謄本が存在しないので、帰化前の国での証明書が必要となります。証明書の入手が困難な場合も考慮し、公正証書遺言をつくっておいたほうがよいでしょう。

42 遺言を撤回する

遺言の撤回方法

　遺言者は、いつでも、遺言の方式に従って、前にした遺言の全部または一部を撤回することができます。撤回する際の遺言は、前の遺言と同じ方式でもかまいませんし、違う方式でも差し支えありません。撤回したうえで、改めて遺言をすることもできます。

新しい遺言が有効となる

公正証書遺言を、自筆証書遺言で撤回することも可能です。

　前の遺言が後の遺言と抵触するときは、その抵触する部分については、後の遺言で前の遺言を撤回したものとみなされます。したがって、遺言を撤回する旨を記載しなくても、新しく遺言書をつくれば、前の遺言で内容的に抵触する部分はすべて撤回されたことになります。相続人に前の遺言の存在を知られたくないときは、前の遺言を撤回する旨の記載をしないケースもあります。

☑ 遺言の全部を撤回する文例

第○条　遺言者は、令和○年○月○日さいたま地方法務局所属公証人○○○○作成同年第○○号遺言公正証書による遺言者の遺言の全部を撤回する。

遺言の全部を撤回する文例。

Point
- 遺言者は遺言の方式に従って、前にした遺言を撤回すること ができる
- 内容が抵触する複数の遺言書は新しいものが有効となる

☑ 従前の遺言の全部を撤回する文例

第〇条　遺言者は、遺言者が従前にした遺言の全部を撤回する。

> 遺言が複数ある 場合、過去にし たものすべてを 撤回する文例。

☑ 遺言の全部を撤回し、改めて遺言をする文例

第〇条　遺言者は、令和〇年〇月〇日さいたま地方法務局所属公証人〇〇〇〇作成 同年第〇〇号遺言公正証書による遺言者の遺言の全部を撤回し、改めて以下のとお り遺言する。

第〇条　遺言者は～（以下略）

> 遺言をつくり直したい場合は、撤回する旨を 記載し、新たな遺言を記載する。

☑ 遺言の一部を変更する文例

第〇条　遺言者は、令和〇年〇月〇日さいたま地方法務局所属公証人〇〇〇〇作成 同年第〇〇号遺言公正証書による遺言者の遺言（以下、「原遺言」という。）の第2 条を撤回し、下記のとおりに改める。その余の部分はすべて原遺言のとおりである。

記

「第2条　遺言者は、遺言者の有する一切の不動産を、遺言者の長女坂戸竹子（昭 和〇年〇月〇日生）に相続させる。」

> 遺言書の一部を撤回して、新たな内容に改め る文例。ただし、変更する箇所が多かったり すると複雑になり、前の遺言と後の遺言を見 比べるのが大変になるので、新たにすべてを つくり直したほうがよい。

第4章　ケース別の遺言書の文例

43 遺産分割を一定期間できないようにする

遺産分割の禁止

　被相続人は、遺言で、「相続開始の時から5年を超えない期間」を定めて、遺産の分割を禁止することができます。

　相続人に未成年者がいる場合、その人が成年になってから遺産分割を行ってもらいたいときなどに使われることがあります。

　なお、遺産の一部の分割を禁止することもできるとするのが通説です。

遺産分割方法の指定の委託

　被相続人は、遺言で、遺産分割の方法の指定を第三者に委託することができます。相続人は第三者に含まれないとするのが通説です。

　ただし、その相続人に関係がない遺産分割の方法を指定する場合は第三者として委託できると考えられます。

　委託された第三者が拒否した場合は、原則に戻り相続人全員で遺産分割協議をすることになりますから、第三者には、生前に説明して内諾を得ておいたほうがよいでしょう。

相続税の申告が必要な場合、遺産分割ができていないと、配偶者の税額軽減や小規模宅地等の特例が使えないので注意しましょう。

Point
● 遺言で、「相続開始の時から5年を超えない期間」を定めて、遺産分割を禁止することができる
● 遺産分割の方法の指定を第三者に委託できる

第4章

ケース別の遺言書の文例

☑ 遺産分割を禁止する文例

> 第○条　遺言者は、遺言者の有する一切の財産について、その分割を相続開始の時から5年間禁止する。
>
> 第○条　前条の定めにかかわらず、遺言者の長男川越空雄（令和○年○月○日生）が成年に達したときは、遺言者の有する財産の一切について遺産分割を行うことができるものとする。

相続人に未成年者がいる場合は、その親権者または特別代理人が遺産分割協議に参加することになるが、未成年者が成人してから本人に遺産分割協議に参加してもらいたいときは、遺産分割の禁止を活用できる。

未成年者が成年になったら分割を禁止する理由がなくなるので、遺産分割ができる定めを設けておく。

☑ 遺産分割方法の指定を委託する文例

> 第○条　遺言者は、遺言者の有する一切の財産について、その分割方法を定めることを次の者に委託する。
>
> 　　　住所　　　埼玉県東松山市○○○○
>
> 　　　氏名　　　高坂陸雄
>
> 　　　生年月日　昭和○年○月○日生

遺言書作成時に遺産分割の方針が立たない場合、遺言書の意向を汲んでくれる第三者に遺産分割方法の指定を委託することが考えられます。

203

44 遺留分侵害額請求の お金を払う人を指定する

受遺者間の負担の指定

遺留分権利者から遺留分侵害額の請求を受けた場合、受贈者と受遺者(遺言により遺産を相続した相続人を含む)がいるときは、まず、受遺者が遺留分侵害額を負担します。受遺者が複数人の場合は、遺贈を受けた、または相続した財産の価額の割合に応じて負担します。

ただし、これについては、遺言者が、遺言で別段の意思表示ができます。遺留分侵害額の負担をする受遺者の順番を定めたり、「遺留分侵害額を、長男が3分の2、長女が3分の1の割合で負担する」などと原則と異なる割合を指定したりすることもできます。

受贈者間の負担の順番

受遺者で遺留分侵害額を負担しきれなかった場合は、受贈者が負担することになります。受贈者が複数人の場合、後の贈与に係る受贈者から順番に負担していきます。

ただし、贈与が同時にされた場合は、贈与された財産の価額に応じて負担することになります。この同時にされた贈与の遺留分侵害額の負担については、遺言で別段の意思表示ができます。

遺留分侵害額請求を受けた場合、侵害額に相当するお金を支払うことになります。

Point
- 受遺者間の遺留分侵害額の負担は、原則的には遺贈を受けた財産の価額の割合による
- 遺言書で原則と異なる負担の順番や割合を定められる

☑ 遺留分侵害額の負担の順番を定める意思表示をする文例

第1条　遺言者は、遺言者の有する一切の不動産を、遺言者の長男川越一郎（昭和○年○月○日生）に相続させる。

第2条　遺言者は、遺言者の有する一切の預貯金を、遺言者の長女坂戸竹子（昭和○年○月○日生）に相続させる。

第3条　遺言者は、前各条に記載する財産を除く遺言者の有する手元現金、動産その他一切の財産を、前記長男川越一郎に相続させる。

第4条　遺言者は、遺留分侵害額を、まず前記長男川越一郎から負担すべきものと定める。

原則的には、長男と長女は相続した財産の価額に応じて遺留分侵害額を負担する。ただし、遺言で別段の意思表示をすることができるので、文例では遺留分侵害額を長男に負担させている。

☑ 遺留分侵害額の負担を割合で指定する文例

第4条　遺言者は、遺留分侵害額を、前記長男川越一郎が3分の2、前記長女坂戸竹子が3分の1の割合で負担すべきものと定める。

長男と長女が相続した財産の価額の割合とは異なる割合で、遺留分侵害額の負担割合を定める文例。

45 葬儀や献体などの希望を付言事項で伝える

法的に効力のない付言事項

　法定遺言事項以外のことでも、遺言者の希望や思いを伝えるために付言事項として記載することができます。ただし、法的な効力は生じないので、強制力はありません。

▼ 葬儀や永代供養について知らせる文例

（付言事項）　　　　　　生前に、葬儀や永代供養の申込みをしている場合、連絡先などを記載しておくとよい。

　遺言者の葬儀については、○○セレモニー（住所：埼玉県○○市○○○○、電話番号：○○○○○○○）と生前契約しています。

　また、○○寺（住所：埼玉県○○市○○○○、電話番号：○○○○○○○）に永代供養を生前申込みしております。

　遺言者の死後、それぞれに連絡を取ってください。

▼ 献体を希望する文例

（付言事項）　　献体をするには、生前に献体の会、医科大学、または歯科大学に献体登録をする。親族の同意も必要。同意が必要な親族の範囲は医科大学などに確認しておく。

　遺言者は、医学の研究・発展に役立てるため、遺言者の身体を○○医科大学（住所：埼玉県○○市○○○○、電話番号：○○○○○○○）に献体することを希望します。同大学には献体登録を済ませてありますので、遺言者の死後、同大学に連絡をしてください。献体について同大学から同意を求められたときは、遺言者の親族はこれに同意することを希望します。

　なお、遺言者の遺骨の返還については、長男○○に引き渡してください。

Point
- 法的効力はないが、付言事項として遺言者の希望やメッセージを記載しておくことができる
- SNSやサブスク契約の後処理を頼むケースもある

▼ SNSアカウントの削除を依頼する文例

（付言事項）

　遺言者の死後、相続人は次のSNSアカウントの削除依頼をしてください。

（1）Facebook
　　　ユーザーネーム：○○○○○○○○

（2）X
　　　アカウント名：　○○○○○○○○

> SNSによっては、親族からの死亡の届出によりアカウントを削除する運用を行っている。詳しくは各SNSの規約等を確認する。なお、Googleアカウントについてはアカウント管理無効化ツールで長期間使用されなかったときの処理方法について設定しておくことができる。また、Facebookは亡くなった人のアカウントを追悼アカウント化することもできる。生前に追悼アカウント管理人を指定しておくことも可能。

▼ 契約しているサブスクを知らせる文例

（付言事項）

　遺言者は、次のサービスを定期契約していますので、遺言者の死後、相続人は解約の手続きをしてください。

（1）○○プライム

（2）○○プレミアム

（3）○○ミュージック

> 動画配信、音楽配信、電子書籍、アプリなどのサブスクリプションに入っている人は、亡くなった後に解約の手続きをしないと料金が継続的にかかってしまう。契約しているサービスを相続人に知らせて、解約の手続きを依頼する。

不動産を誰に相続させるべきか

　不動産を誰に相続させるかは、非常に悩ましい問題です。そこで次のケースをもとに、自宅不動産を誰に相続させるべきかを考えてみましょう。夫婦の間に子（長男）が1人、夫は自宅不動産を持っていて妻と一緒に住んでおり、長男は独立して別に住んでいるとします。

　まず、考えるのは、不動産は実際にそこに住んでいる人が相続したほうがよいのではないかということです。

　夫が亡くなって不動産を長男に相続させてしまうと、万が一、妻より先に長男が亡くなった場合、長男の相続人が不動産を取得することになります。つまり、不動産が長男の配偶者や子の名義になります。実際に住んでいる妻が住みづらくなってしまう可能性もあるでしょう。

　また、不動産を誰に相続させるかを考えるうえで、相続税の申告が必要になりそうなケースにおいては、小規模宅地等の特例が使える相続人であるかを検討します。さらに、配偶者が亡くなったときの二次相続における税額も考えて、どのように遺産を分けるべきか税理士に相談するとよいでしょう。

　なお、不動産を売った場合、売却代金から取得費などを控除した額に対して約20%（所有期間5年以下の場合は約39%）の所得税と住民税がかかります。

　ただし、マイホームを売った場合は、売却代金から最高3000万円まで控除できる特例があります。実際に住んでいる人に不動産を相続させると、将来、その人の存命中に売却した場合、この特例が使えるかもしれません。

第 **5** 章

遺言書とあわせて行う 相続準備

相続をスムーズに進めるための対策はいくつも存在します。
遺言書とあわせて、ほかの相続準備をして、
遺される大切な家族が困らないようにしておきましょう。

家族に負担を掛けない ための相続準備

遺された家族がすること

　相続が始まると、相続人は被相続人の財産を漏れのないように把握し、各財産の相続手続きをすることになります。何も手がかりがないと、相続財産として何があるのかを調べるのが大変です。そして、相続財産の種類が多いと、その分、相続手続きの負担も増えます。

　相続人の負担を減らすために、相続財産を把握しやすいよう生前に財産一覧表※をつくっておきましょう。また、財産の中で整理できるものは生前に整理しておくとよいかもしれません。

財産一覧表をつくっておく

　将来、相続人の参考になるように、自分の持っている財産を書き出してみましょう。預貯金、有価証券、保険などは、金融機関名だけでも書いておけば、相続開始後に、その金融機関に相続人が照会を掛けて金融資産を調べられます。近年は、インターネット取引で、通帳がなかったり、有価証券の報告書が郵送されなかったりするケースもあるので、取引のある金融機関名を相続人にわかるようにしておくことは重要です。

相続財産を整理するためにも、財産一覧表を作成してみましょう。

※財産一覧表は巻末資料（P.235 参照）からダウンロードできる。

不動産についても相続手続きに漏れが生じることがありますから、権利証や登記識別情報の物件欄などを見て、土地は所在と地番、建物は所在と家屋番号だけでも書いておきましょう。

　負債については相続放棄するか否かの判断材料にもなりますので、借金や保証人となっているものがあったら書いておいてください。

✓ 預貯金の書き方

金融機関名	支店名	種類	口座番号	備考
〇〇銀行	△△支店	普通	1234567	

金融機関名だけでも記載して、相続人が照会できるようにする。

「支店名」「種類」「口座番号」を書いておくと、照会はよりスムーズになる。

✓ 有価証券（投資信託、株式、公社債など）の書き方

金融機関名	支店名	口座番号	有価証券の種類	内容等
〇〇証券	△△支店	×××-××××	株式	

金融機関名だけでも記載する。

「支店名」「口座番号」「有価証券の種類」を記載してもよい。

☑ 不動産（土地）の書き方

所在	地番	地目	地積 (㎡)	備考
東松山市○○○○	○番○	宅地	150・00	

「所在」「地番」を記載する。　　　自分で整理するために「地目」「地積」を
記載してもよい。

☑ 不動産（建物）の書き方

所在	家屋番号	種類	構造	床面積 (㎡)
東松山市○○○○ ○番地○	○番○	居宅	木造かわらぶき 2階建	1階60・00 2階60・00

「所在」「家屋番号」だけでも　　　「種類」「構造」「床面積」
記載する。　　　　　　　　　　　を記載してもよい。

☑ 保険の書き方

保険会社名	保険の種類	証券番号	内容	備考
○○生命保険	生命保険	×××-××××××	死亡保険金受取人 川越一郎	

「保険会社名」を記載。相続　　　「保険の種類」「証券番号」
人が照会するのに役立つ。　　　「内容」を記載してもよい。

☑ 負債の書き方

債権者名	負債の内容	残額	備考
○○クレジット	自動車ローン	100万円	

「債権者名」「負債の内容」「残額」をそれぞれ記載する。相続放棄の判断材料となる。

そのほか、負債に関する情報を記載してもよい。

☑ その他の財産の書き方

種類	内容	備考
自動車	車種：○○○	熊谷○○あ○○○○

知らせておきたい財産があれば記載する。

赤枠で囲んだ部分は必ず記載してほしい部分で、青枠で囲んだ部分はご自身の整理を目的に、必要に応じて記載するとよい部分です。一覧表のひな型は巻末資料（P.235参照）からダウンロードできるので、自由に活用してください。

Q 財産一覧表は必ず用意しないといけないの？

A 財産一覧表は必ずしも用意しないといけないものではありません。ただ相続が始まると、相続人は被相続人の財産を漏れなく、すべて把握しなければなりません。何も手がかりがないと大変な手間ですから、遺される家族を困らせないために一覧表に財産をまとめておくとよいでしょう。

2 預金口座を整理する

預貯金の相続手続きに時間がかかる

　預貯金の相続手続きは、金融機関の相続部門に書類を送ったりする関係上、手続きが完了するまでに1〜2カ月かかる金融機関もあります。また、郵送で相続手続きできる金融機関と店舗に行って手続きする金融機関がありますが、店舗に行くケースでは1〜2時間待つこともあります。

　預貯金の口座数が多いと、その分、相続手続きの負担が増えますので、使っていない預貯金口座は生前に解約して、取引している金融機関の数を減らしておくとよいかもしれません。またネット銀行で通帳やキャッシュカードがない場合、相続人がネット銀行の預金の存在に気付かない可能性があります。財産一覧表に銀行名を記載するなどして、相続人にわかるようにしておきましょう。

ペイオフ対策

　1金融機関の預金額が1000万円を超える場合は注意が必要です。万が一、金融機関が破綻した場合、預金保険制度で保護されるのは、1金融機関につき1預金者あたり、元本1000万円までとその利息となります。預金額が1000万円を超える場合、複数の金融機関に預金を分けるのも手ですが、あまり数が多いと管理が大変です。

● アドバイス
本書執筆時点では、被相続人の預金がどの金融機関にあるのかを、相続人が一括で調べることはできません。各金融機関に個別に照会する必要があります。しかし、2024年5月ごろまでに、相続人が被相続人の預金口座の有無を一括して照会できるようになる予定です。これは、預金者が、生前にすべての預金口座をマイナンバーと紐づけしておけば、相続開始後に、相続人が預金保険機構を通じて、すべての金融機関に被相続人の口座の有無を照会できるという制度です。

● アドバイス
預金者が認知症等で判断能力が低下したことに金融機関が気付くと、預金口座からの出金ができなくなる可能性があります。判断能力低下時の代理人をあらかじめ指定しておける金融機関もあるので、必要に応じて申込みましょう。

そこで、預金を無利息型普通預金(決済用口座)
に変えておくという対策が考えられます。無利息
型普通預金は利息が付かない代わりに、金融機関
が破綻しても預金全額が保護の対象となります。

☑ ペイオフ対策

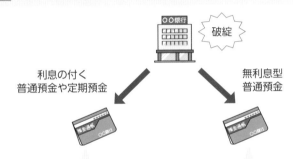

○○銀行　破綻

利息の付く
普通預金や定期預金

無利息型
普通預金

1金融機関につき1預金者あたり元本
1000万円までと、その利息が保護対象。

全額が保護の
対象。

繰越済みの通帳も保管しておく

　相続税申告を税理士に依頼すると、被相続人の過去の通帳の提出をお願い
されると思います。これは、生前贈与や名義預金(実際は被相続人のものだ
けど家族等の口座名義になっている預金)の有無を税務署に調べられる可能
性があるからです。どれぐらい前からの通帳を要求されるかは税理士によっ
て違いますが、10年分ぐらいを保存しておくとよいでしょう。過去の通帳
がない場合は、相続開始後に、相続人が金融機関に取引履歴を請求すること
もできます。ただし、金融機関に手数料を払う必要があり、金融機関によっ
ては1カ月分ごとに数百円かかります。費用負担を抑えるためにも、繰越済
みの通帳も取っておき、相続人が気付く場所に保管しましょう。

上場株式などは現金化することも検討する

●アドバイス
株の取引を楽しんでいる人もいると思うので、無理に手放して現金化する必要はありません。

有価証券の相続手続き

　上場株式や投資信託などの相続手続きは、証券会社などに相続人名義の口座を開設して、そこに被相続人の持っていた有価証券を移します。被相続人の有価証券を売却する場合も、一度、相続人名義の口座に移すことになります。

　相続人が証券会社などに口座を持っていない場合は、口座を開設する手間が加わりますし、有価証券は売却するタイミングで金額に変動があります。このように、有価証券は、預貯金に比べると、相続手続きの負担が大きいといえます。

相続人が有価証券に興味がない場合

　推定相続人が上場株式や投資信託に興味がなく、口座も持っていないなら、生前にこれらの有価証券を売却して現金化しておくことも考えられます。現金化して預貯金口座に入れておいたほうが、相続手続きの負担は減らせるでしょう。

　近年は、証券会社ともネット取引で、紙の報告書などを定期的に送ってこないケースも増えています。将来、相続人が証券会社に口座があることに気付かないと大変ですので、生前に売却しない場合は、財産一覧表に記載するなど相続人に知らせる方法を考えておきましょう。

☑ 有価証券と預貯金の相続手続きの比較

戸籍謄本など相続手続きに必要な書類を集める

 有価証券の相続手続き

預貯金の相続手続き

相続人が証券口座を持っていなければ口座を開設する。

被相続人の預貯金口座から払戻して相続人の預貯金口座に振り込む。

被相続人の証券口座から相続人の証券口座に有価証券を移管してもらう手続きをする。

預貯金の相続手続きよりも手間がかかる

必要に応じて相続人が有価証券を売却して現金化する。

有価証券を相続させる遺言書の書き方は P.144 をご参照ください。

4 不動産購入時の契約書や領収書を取っておく

🔹アドバイス
譲渡所得税は所有期間が5年超か5年以下かで税率が違いますが、相続した不動産の場合は、被相続人が不動産を取得した日から相続人が不動産を譲渡した年の1月1日までの期間で判断します。また、相続した不動産の場合、譲渡所得税の計算にあたって被相続人の払った取得費を差し引くことができます。

譲渡所得税

　不動産を売って利益が出ると、翌年、譲渡所得税がかかります。売ったときの利益を譲渡所得金額といい、下記の式で計算します。

> 譲渡所得金額
> ＝収入金額
> 　－（取得費＋譲渡費用）
> 　－特別控除

　収入金額は、不動産を売って得た売却代金です。取得費は、売った不動産の購入代金、建築代金などです。ただし、建物は減価償却費相当額を差し引きます。

　譲渡費用は、不動産を売るために直接かかった費用のことで、仲介手数料や印紙代などです。特別控除は、代表的なものとして、マイホームを売ったときの3000万円控除があります。

　譲渡所得金額に、不動産の所有期間が5年超のときは所得税（復興税含む）・住民税として合計20.315％が課税されます。所有期間が5年以下のときは、所得税（復興税含む）・住民税の税率は合計39.63％となります。

取得費のわかる資料を取っておく

　簡単にまとめると、相続した不動産を売ると、翌年、利益に対して約20％の譲渡所得税を払うことになります。そして、利益を計算するにあたって、被相続人が不動産を取得したときの取得費を差し引けますから、不動産購入時や建築時の契約書や領収書など金額のわかる資料があったほうがよいのです。不動産の契約書等の資料を相続人が気付くように整理しておきましょう。なお、取得費がわからない場合、売却代金の5％を取得費とすることができます。

▼ 譲渡所得税の税率

所有期間	所得税 （復興税含む）	住民税	合計
5年超	15.315%	5%	20.315%
5年以下	30.63%	9%	39.63%

不動産を売却して利益が出た場合は、翌年の2月16日から3月15日の間に確定申告を行います。詳しくは税務署に問い合わせるか、税理士に相談しましょう。

5 生命保険を相続税対策に活用する

●アドバイス
被相続人が保険契約者または被保険者となっている生命保険の有無を、相続人は生命保険協会を通して各生命保険会社に照会することができます。「生命保険契約照会制度」とインターネット検索すると、生命保険協会のサイトが見つかると思います。照会する場合は、ウェブフォームまたは郵送で生命保険協会に申し込んでください。

死亡保険金の非課税枠

被相続人を契約者兼被保険者とした生命保険契約の死亡保険金は、みなし相続財産として相続税の課税対象となりますが、非課税枠があります。非課税枠は下記の式で計算します。

> 非課税枠
> ＝500万円×法定相続人の数

つまり、相続人が1人なら500万円、2人なら1000万円、3人なら1500万円が非課税枠となり、これを超えた部分が相続税の課税対象となります。

生前に、預貯金で持っているお金で生命保険に入り、相続が始まったら、相続人が死亡保険金を受け取れるようにしておけば、非課税枠により節税することができます。

子を受取人にした場合、相続税の最低税率は10％なので、相続税が発生するケースでは、少なくとも非課税枠の10％は節税できる計算になります。

なお、配偶者には1億6000万円の配偶者の税額軽減がありますので、死亡保険金の受取人は子にしておいたほうが、非課税枠の節税効果が高まります。

一時払い終身保険

　高齢の人は、保険に入れるのか心配するかもしれません。保険会社の中には、90歳まで入れる一時払い終身保険という保険商品を提供しているところもありますので、「一時払い終身保険 90歳」とインターネット検索してみてください。

　一時払い終身保険は、契約時に保険料を一括で支払い、被保険者が亡くなったときに受取人に死亡保険金が支払われるものです。

　死亡保険金の非課税枠による節税のために利用されることが多い保険です。

死亡保険金は、保険契約で受取人に指定されている人が手続きをすれば、受け取ることができます。手続きには死亡診断書（または死体検案書）のコピーを要求されることがあるので、忘れずにコピーしておきましょう。

死亡保険金を遺留分対策に使う

死亡保険金は受取人の固有財産であり、原則的には特別受益とならないので、遺留分対策で生命保険を活用する人もいます。遺産を多く渡したい相続人を死亡保険金受取人とした生命保険に入っておくのです。ただし、死亡保険金を受け取った相続人と他の相続人との間の不公平が著しい場合は、特別受益に準じて遺留分を算定するための財産の価額に含まれると判断される可能性もありますので、注意が必要です。

6
相続登記をしていない
不動産は登記しておく

相続登記義務化

　2024年4月1日より不動産の相続登記が義務化されます。基本的なルールとして、相続（遺言による場合も含む）により不動産を取得した相続人は、相続により所有権を取得したことを知った日から3年以内に相続登記の申請をしなければなりません。また、遺産分割協議の成立により、不動産を取得した相続人は、遺産分割協議が成立した日から3年以内に、その内容を踏まえた登記を申請しなければなりません。正当な理由がないのに、これらの申請をしなかった場合には、10万円以下の過料というお金の請求を受ける可能性がありますので、注意してください。

相続登記を早めにしたほうがよい理由

　相続登記を放置した場合、2代、3代と相続を繰り返すうちに相続人が大人数になってしまう可能性があります。遺産分割協議は相続人全員で行わなければなりません。そのため、相続人の数が増えすぎてしまうと、連絡がつかない相続人や、判断能力が低下した相続人が出てきて、遺産分割協議が難航するかもしれません。

　将来の相続人の負担を減らすためにも、すでに相続が発生している不動産については、早めに遺

アドバイス
登記官から相続登記の申請義務の履行を催告されたら、それに応じて相続登記を申請すれば、過料は科されない運用となる見込みです。

アドバイス
2026年4月1日より住所変更登記も義務化されます。これは、所有権の登記名義人の氏名または住所について変更があったときは、その変更があった日から2年以内に、変更登記を申請しなければならないとするものです。なお、登記官の権限で住所変更登記ができるようにもなります。

アドバイス
住宅ローンなどを完済して金融機関から抵当権抹消登記の書類をもらった場合は、司法書士に依頼するなどして抵当権抹消登記を申請しましょう。登記をせずに放置すると、相続開始後に相続人が気付いても、書類が紛失しており困ることが多いです。

Point
- 相続により所有権を取得したことを知った日から3年以内に、相続登記の申請をする必要がある
- 遺産分割協議が成立した場合も3年以内に登記申請する

産分割協議をして相続登記を済ませておいたほうがよいでしょう。相続登記については、必要に応じて司法書士に相談してみましょう。

☑ 相続登記の義務化

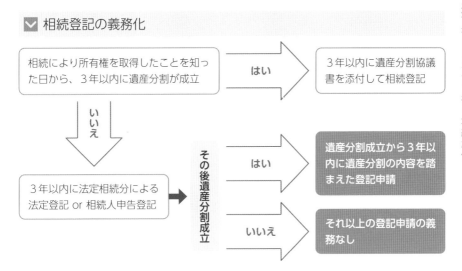

相続により所有権を取得したことを知った日から、3年以内に遺産分割が成立 → はい → 3年以内に遺産分割協議書を添付して相続登記

いいえ → 3年以内に法定相続分による法定登記 or 相続人申告登記 → その後遺産分割成立

はい → 遺産分割成立から3年以内に遺産分割の内容を踏まえた登記申請

いいえ → それ以上の登記申請の義務なし

相続人申告登記の創設

登記上の所有者について相続が開始したことと、自らが相続人であることを登記官に申出ることで、相続登記の申請義務を履行できる制度が相続人申告登記です。この申出がされると、申出をした相続人の氏名や住所が登記されます（持分は登記されない）。この申出には、申出をした相続人が、被相続人の相続人であることがわかる戸籍謄本だけを添付すればよいので、通常の相続登記よりも手続きが簡単です。しかし、遺産分割協議が成立した場合の登記申請義務は、相続人申告登記をしても免れません。遺産分割協議に基づく相続登記の申請は必要となりますので、注意が必要です。

7

贈与について知る

⊙アドバイス
不動産を贈与登記する場合の登録免許税は不動産評価額の２％です。相続登記の登録免許税は0.4％なので５倍になります。また、不動産の贈与を受けた場合は不動産取得税（不動産評価額の1.5％〜４％）がかかります。これに対し不動産を相続した場合は不動産取得税がかかりません。不動産を贈与により取得した場合、相続で取得したときより税金のコストが高くなります。

⊙アドバイス
「○○をあげる」と口約束をしても、書面をつくっていなければ、取り消せます。書面によらない贈与は、履行していなければ、各当事者が解除できます。

⊙アドバイス
贈与の基本的な流れは、P.228の贈与契約書をつくり、その後、お金の場合は現金か振込などで渡します。不動産の場合は、贈与登記を法務局に申請します。

贈与とは財産を無償で与える契約

　贈与は、当事者の一方がある財産を無償で相手方に与える契約です。財産を与える人を贈与者、受け取る人を受贈者といいます。贈与は、贈与者の一方的な意思表示だけでは成立せず、受贈者側も贈与承諾の意思表示をしなければなりません。贈与の具体的なケースとして、相続税の節税のためや、住宅購入資金として、親が子にお金を贈与するなどがあります。また、親の土地に子が家を建てる場合に、その土地を贈与する人もいます。

贈与税の申告

　個人が、１月１日から12月31日までの１年間に贈与を受けた財産の価額の合計が110万円の基礎控除額を超える場合には、贈与税の申告が必要です。その場合は、基礎控除額を超えた部分について右ページの早見表の税率で計算し、贈与を受けた年の翌年の２月１日から３月１５日までの間に贈与税の申告書を提出して、納税します。

　年間110万円の基礎控除額以下なら贈与税が課税されないしくみを利用した贈与を、暦年贈与と言います。贈与時は最大2500万円までの贈与に対して贈与税が課税されず、贈与者の死亡時に、その贈与が相続税の課税対象となる制度※もあります。

※これを相続時精算課税制度と言う（P.47 参照）。

Point
- 贈与は贈与者が財産を無償で受贈者に与える契約
- 贈与を受けた財産の合計が年間110万円を超えた場合は贈与税の申告と納税が必要となる

☑ 特例贈与の早見表

● 直系尊属が贈与者で18歳以上の子や孫が受贈者のケース

基礎控除後の課税価格	税率	控除額
200万円以下	10%	0円
200万円超400万円以下	15%	10万円
400万円超600万円以下	20%	30万円
600万円超1000万円以下	30%	90万円
1000万円超1500万円以下	40%	190万円
1500万円超3000万円以下	45%	265万円
3000万円超4500万円以下	50%	415万円
4500万円以下	55%	640万円

父から18歳以上の子どもが500万円の贈与を受けた場合は、500万円から基礎控除額110万円を控除した残額390万円に対して特例贈与の税率を掛けて控除額を差し引きます。
[390万円×15%－10万円＝48万5000円]
つまり上記のケースでは、48万5000円が贈与税額となります。

☑ 一般贈与の早見表

● 直系尊属以外の者からの贈与や、 受贈者が贈与の年の1月1日において18歳未満のケース

基礎控除後の課税価格	税率	控除額
200万円以下	10%	0円
200万円超300万円以下	15%	10万円
300万円超400万円以下	20%	25万円
400万円超600万円以下	30%	65万円
600万円超1000万円以下	40%	125万円
1000万円超1500万円以下	45%	175万円
1500万円超3000万円以下	50%	250万円
3000万円超	55%	400万円

第5章 遺言書とあわせて行う相続準備

8 贈与契約書で証拠を残しておく

● アドバイス
金銭の贈与契約書に収入印紙を貼る必要はありません。不動産の贈与契約書には200円の収入印紙を貼ります。

● アドバイス
同一夫婦間で贈与税の配偶者控除が使えるのは1回だけです。

基本事項は解説していますが、贈与税などの詳細は税理士に相談するのが確実でしょう。

贈与契約書の必要性

　贈与は、受贈者側も贈与を承諾しなければ成立しません。贈与者が受贈者名義の預金口座にお金を振り込んだとしても、受贈者が贈与のことを把握していなければ、相続税申告のときに贈与の事実を認めてもらえないので、被相続人の相続財産という話になり相続税の課税対象となります。また、推定相続人に生前贈与すると、いざ相続が始まったときに、過去の贈与をめぐって相続人同士の争いになる可能性もあります。この場合、贈与の金額や時期について何の資料も残っていないと困ることになるでしょう。これらの対策として、生前贈与をしたら、贈与契約書をつくり、当事者の意思により贈与をしたことと、金額や時期についての証拠を残しておきましょう。

贈与税の配偶者控除

婚姻期間が20年以上の夫婦の間で、居住用不動産または居住用不動産を購入するためのお金の贈与が行われた場合、基礎控除110万円のほかに最高2000万円まで課税価格から控除できる特例があります。これを贈与税の配偶者控除といい、贈与を受けた年の翌年3月15日までに、贈与を受けた不動産または贈与を受けたお金で購入した不動産に、受贈者が実際に住んで、その後もずっと住む見込みであることが必要です。
贈与税の配偶者控除を使うためには、贈与財産が控除額以内で贈与税が課税されない場合でも、贈与税の申告をしなければなりません。

Point
- 贈与契約書をつくって証拠を残しておく
- 夫婦間の居住用不動産の贈与は2000万円の控除ができる
- 贈与税については税理士に確認するとよい

贈与契約書の文例

贈与契約書

　贈与者 川越甲太郎（以下「甲」という）と受贈者 川越一郎（以下「乙」という）は、本日、以下の通り贈与契約を締結した。

第1条　甲は、現金100万円を乙に贈与するものとし、乙はこれを承諾した。

第2条　甲は、上記財産を、令和◯年◯月◯日までに乙名義の下記預金口座に振り込むこととする。

記

> 贈与には受贈者の承諾が必要。

　うさぎ銀行　◯◯支店　普通預金

　口座番号XXXXXXX

　上記の通り契約が成立したので、これを証するため、本契約書2通を作成し、甲乙各1通を保有するものとする。

令和◯年◯月◯日

　　　　住所　　　埼玉県東松山市◯◯◯◯

贈与者（甲）　　川越甲太郎　㊞

　　　　住所　　　埼玉県東松山市◯◯◯◯

受贈者（乙）　　川越一郎　㊞

> 署名して押印。

> 振込をして記録を残しておいたほうがよりよい。
> 現金で贈与する場合には第2条を消す。

229

遺言書は大切な家族のために用意する

相続と遺言の相談先

弁護士

▶交渉ごとや裁判手続きの相談など

遺産分割協議や遺留分侵害額請求などで相手方との交渉を任せたいときは弁護士に相談しましょう。裁判手続き全般も代理してもらえます。相続に関して争いごとがある場合は、弁護士に依頼しましょう。

遺言書についても法律的なアドバイスを受けることができます。相続開始後のトラブルが予想される場合は、遺言書作成時から弁護士に相談したほうがよいかもしれません。

司法書士

▶不動産の相続登記や各種書類作成の相談など

不動産の相続登記は司法書士に相談できます。相続登記にともなう戸籍謄本の収集や遺産分割協議書の作成も任せられます。司法書士によっては預貯金の相続手続きも行っています。相続放棄申述書、後見開始申立書、特別代理人選任申立書などの裁判所提出書類の作成も司法書士に依頼できます。

遺言書については、将来、不動産の登記が確実にできる文言になっているかを司法書士に確認したほうがよりよいでしょう。法務局に遺言書を預ける場合は、遺言書の保管申請書の作成を司法書士に依頼することができます。

相続の手続きや遺言書の作成でわからないことがあるときは、専門家に相談してみましょう。

税理士

▶相続税（贈与税）の相談など

相続税の申告は税理士に相談します。相続税申告は10カ月以内にする必要があるので、相続税の基礎控除額を超えそうな場合は、余裕を持って税理士に相談しましょう。会社の申告が中心で、相続税申告はあまり扱っていない税理士もいるので、相続税に詳しい税理士に依頼するようにしましょう。

遺言書については、将来の相続税も見据えて財産の分け方を検討したい場合は、税理士に相談しましょう。

公証人

▶公正証書遺言の作成の相談

公正証書遺言は公証人が関与してつくります。士業等に公正証書遺言作成のサポートを依頼しない場合は、直接、公証人に相談します。都道府県名と「公証役場」でインターネット検索すれば、公証役場の一覧が出てくると思いますので、行きやすいところを選んでください。相談に行く際は、電話などで予約を取ったほうがよいでしょう。

ダウンロードファイル

遺言書の作成時にダウンロードファイルを活用すると、情報が整理できて便利です。下記のマップと一緒にご利用ください。

遺言書作成を開始

>>>

遺言内容の整理 (P.235参照)

遺言書設計シート を使うと、相続人や相続財産など遺言内容を整理できます。

∨∨∨

遺言書の作成 (P.236参照)

遺言書の文例 をコピーして自筆証書遺言や公正証書遺言の原案を作成できます。ただし、自筆証書遺言の本文は最終的に手書きする必要があります。

<<<

遺言書作成の下準備
(P.235 〜 236参照)

自筆証書遺言用の相続財産目録 は相続財産目録をパソコンでつくる場合に活用してください。

遺言書保管制度用の用紙例 を使用すると、制度を利用する場合の様式上のルールをクリアできます。

∨∨∨

遺言書作成後 (P.236参照)

財産一覧表 を用意しておくと、相続人が相続財産を把握できるようになります。

遺言執行者になったら
(P.236参照)

遺言執行者に指定された場合は、遺言執行者用の相続財産目録 を参考に作成しましょう。

巻末資料のダウンロード方法

■PCよりダウンロード

各ファイルは、ナツメ社のウェブサイトの本書籍ページよりダウンロードできます。必要に応じてご利用ください。

URL https://www.natsume.co.jp/books/19047

■二次元コードよりダウンロード

①スマートフォン・タブレットのカメラを起動し、二次元コードを読み込んでください

②表示されたアクセス先をタップしてください

③表示されたページより各ファイルをダウンロードしてください

※スマートフォン・タブレットの環境などによって、ページが表示できない場合があります。
　その場合は、ブラウザアプリにて記載のURLを直接ご入力ください。

※ファイルを開く際に、ワードファイル・PDFファイルを開くアプリが必要となります。

遺言書設計シート

　遺言書設計シート（P.104参照）のA4版のワードファイルとPDFファイルを用意しました。印刷して、相続財産や財産を相続させる人を記入してお使いいただけます。

自筆証書遺言用の相続財産目録

　自筆証書遺言の相続財産目録については手書きする必要はありません。そこで、ひな型としてお使いいただけるように、土地建物、区分建物（マンション）、預貯金用の相続財産目録のワードファイルを用意しました。

　なお、自筆証書遺言に添付する相続財産目録には全ページに遺言者の署名・押印が必要となります（P.102参照）。

ダウンロードファイル

遺言書保管制度用の用紙例

　法務局に遺言書を預ける場合は、余白等に決まりがあります（P.72参照）。ダウンロードファイルをＡ４サイズで印刷して、罫線内におさめて書くことにより、余白の条件をクリアできます。

遺言書の文例

　本書に掲載したすべての遺言書文例のワードファイルを用意しました。ご自身のケースに合った文例をコピーして、遺言書の案を作成するのにお使いいただけます。なお、自筆証書遺言の場合は、最終的に財産目録以外は手書きする必要がありますので、ご注意ください。

財産一覧表

　生前に財産を書き出しておくための財産一覧表（P.212〜215参照）のＡ４版のワードファイルとPDFファイルを用意しました。
　将来、相続人が相続財産に気付かないことがないように、印刷してご自分の持っている財産を記載しておきましょう。

遺言執行者用の相続財産目録

　遺言執行者は、相続財産目録を作成して相続人に交付しなければなりません（P.97参照）。相続財産目録の記載事項について法律上の決まりはありませんが、ダウンロードファイルを参考に作成してください。通常、債務について記載する必要はありませんが、包括遺贈の場合や、財産を換価処分して換価金で債務を支払う内容の遺言の場合は、債務も記載しましょう。

主な参考文献

- 『Q＆A 家事事件と銀行実務 成年後見・高齢者・相続・遺言・離婚・未成年・信託』斎藤輝夫、田子真也監修（日本加除出版）
- 『Q＆A 限定承認・相続放棄の実務と書式』相続実務研究会編（民事法研究会）
- 『ケースブック 渉外相続登記の実務』特定非営利活動法人 渉外司法書士協会編（民事法研究会）
- 『ケース別 遺産分割協議書作成マニュアル』永石一郎、鷹取信哉、下田久、夏苅一編（新日本法規出版）
- 『ケース別 特殊な遺言条項 作成と手続のポイント ―補充事項・付言事項、祭祀承継等―』山田知司編著（新日本法規出版）
- 『遺言執行実務マニュアル』中根秀樹著（新日本法規出版）
- 『遺言執行者の実務』日本司法書士会連合会編（民事法研究会）
- 『遺言条項例300＆ケース別文例集』NPO法人　遺言・相続リーガルネットワーク編著（日本加除出版）
- 『遺言相談標準ハンドブック』奈良恒則、麻生興太郎、佐藤健一、中條尚、野口賢次、佐藤量大共著（日本法令）
- 『遺言等公正証書作成の知識と文例』麻生興人郎著（日本法令）
- 『一問一答 新しい相続法 ――平成30年民法等（相続法）改正、遺言書保管法の解説』堂薗幹一郎、野口宣大編著（商事法務）
- 『家庭裁判所における遺産分割・遺留分の実務』片岡武、管野眞一編著（日本加除出版）
- 『改正相続法と家庭裁判所の実務』片岡武、管野眞一共著（日本加除出版）
- 『改正相続法における登記実務と遺言書保管手続Q＆A ―配偶者居住権・自筆証書遺言―』後藤浩平著（日本加除出版）
- 『金融機関行職員のための 預金相続事務手続活用マニュアル』桜井達也著（金融財政事情研究会）
- 『実務家が陥りやすい 相続・遺言の落とし穴』遺言・相続実務問題研究会編（新日本法規出版）
- 『渉外不動産登記の法律と実務 相続、売買、準拠法に関する実例解説』山北英仁著（日本加除出版）
- 『証書の作成と文例 遺言編』日本公証人連合会編著（立花書房）
- 『設問解説 相続法と登記』幸良秋夫著（日本加除出版）
- 『相続・贈与と生命保険をめぐるトラブル予防・対応の手引』中込一洋、遠山聡、原尚美共著（新日本法規出版）
- 『相続税を考慮した遺言書作成マニュアル 弁護士×税理士がアドバイス！』坪田聡美、坪田昌子共著（日本法令）
- 『登記官からみた 相続登記のポイント』青木登著（新日本法規出版）
- 『どの段階で何をする?業務の流れでわかる! 遺言執行業務』東京弁護士会 法友全期会編著（第一法規）
- 『判例分析 遺言の有効・無効の判断』中里和伸、野口英一郎共著（新日本法規出版）
- 『法律家のための 相続預貯金をめぐる実務』本橋総合法律事務所編（新日本法規出版）

さくいん

あ 行

遺産分割‥‥‥‥‥‥‥‥‥‥‥‥ 38・56
遺産分割協議‥‥‥‥‥‥‥‥‥‥‥ 38
遺産分割協議書‥‥‥‥‥ 18・40・225
遺産分割調停‥‥‥‥‥‥‥‥‥‥‥ 39
遺贈‥‥‥‥‥‥‥‥‥‥‥‥ 36・58・98
一時払い終身保険‥‥‥‥‥‥‥‥ 223
一部分割‥‥‥‥‥‥‥‥‥‥‥‥‥ 38
一身専属権‥‥‥‥‥‥‥‥‥‥‥‥ 20
遺留分‥‥‥‥‥‥‥‥‥ 60・62・65・223
遺留分権利者‥‥‥‥‥‥‥‥‥ 60・64
遺留分侵害額‥‥‥‥‥‥‥‥‥‥‥ 64
遺留分侵害額請求‥‥‥‥‥‥ 64・204
印鑑証明書‥‥‥‥‥‥ 18・43・67・96・110
エンディングノート‥‥‥‥‥‥‥ 114

か 行

基礎控除額‥‥‥‥‥‥‥‥‥ 46・226・227
兄弟姉妹‥‥‥‥‥‥‥‥‥‥ 23・26・60
寄与分‥‥‥‥‥‥‥‥‥‥‥‥‥‥ 36
血族相続人‥‥‥‥‥‥‥‥‥‥ 22・164
限定承認‥‥‥‥‥‥‥‥‥‥‥‥‥ 45
検認‥‥‥‥‥‥‥‥‥‥‥‥‥‥‥ 70
検認済証明書‥‥‥‥‥‥‥‥‥‥‥ 71
検認申立書‥‥‥‥‥‥‥‥‥‥‥‥ 70
原本還付‥‥‥‥‥‥‥‥‥‥‥‥‥ 34
公証人手数料‥‥‥‥‥‥‥‥‥‥‥ 79
公正証書遺言‥‥ 66・76・78・80・110・112
戸籍謄本‥‥‥‥‥‥ 18・32・33・34・70・90
戸籍の改製‥‥‥‥‥‥‥‥‥‥‥‥ 32

さ 行

財産一覧表‥‥‥‥‥‥‥‥‥‥ 212・215
祭祀財産‥‥‥‥‥‥‥‥‥ 20・58・160
祭祀主宰者‥‥‥‥‥‥‥‥‥‥‥ 160
再代襲相続‥‥‥‥‥‥‥‥‥‥‥‥ 22
敷地権‥‥‥‥‥‥‥‥‥‥‥‥‥ 120
事実実験公正証書‥‥‥‥‥‥‥‥ 142
自筆証書遺言‥‥‥‥ 66・68・80・88・90・92
自筆証書遺言書保管制度‥‥‥‥ 72・74
死亡退職金‥‥‥‥‥‥‥‥‥‥‥‥ 46
死亡保険金‥‥‥‥‥ 20・46・158・222
借地権‥‥‥‥‥‥‥‥‥‥‥‥‥ 130
受遺者‥‥‥‥‥‥‥‥‥‥‥‥‥‥ 64
就職‥‥‥‥‥‥‥‥‥‥‥‥‥‥‥ 96
受贈者‥‥‥‥‥‥‥‥‥‥‥‥‥ 226
準共有‥‥‥‥‥‥‥‥‥‥‥‥‥ 188
小規模宅地等の特例‥‥‥‥‥‥‥‥ 50
証券保管振替機構‥‥‥‥‥‥‥‥ 144
譲渡所得金額‥‥‥‥‥‥‥‥‥‥ 220
譲渡所得税‥‥‥‥‥‥‥‥‥‥‥ 220
正味の遺産額‥‥‥‥‥‥‥‥‥‥‥ 46
成年後見人‥‥‥‥‥‥‥‥‥‥‥ 186
積極財産‥‥‥‥‥‥‥‥‥‥‥‥‥ 64
全血兄弟姉妹‥‥‥‥‥‥‥‥‥‥‥ 27
全部分割‥‥‥‥‥‥‥‥‥‥‥‥‥ 38
相続‥‥‥‥‥‥‥‥‥‥‥‥‥ 18・58
相続欠格‥‥‥‥‥‥‥‥‥ 22・60・71
相続財産清算人‥‥‥‥‥‥‥‥‥‥ 30
相続財産目録‥‥‥‥‥‥‥‥‥‥ 102
相続時精算課税制度‥‥‥‥‥‥‥‥ 46
相続税‥‥‥‥‥‥‥‥‥ 46・48・52・222
相続登記‥‥‥‥‥‥‥‥‥ 34・42・224
相続人‥‥‥‥‥‥‥‥‥‥ 18・22・60
相続人申告登記‥‥‥‥‥‥‥‥‥ 225
相続分の指定‥‥‥‥‥‥‥‥‥‥ 177
相続放棄‥‥‥‥‥‥‥ 20・24・44・213
相続放棄申述書‥‥‥‥‥‥‥‥‥‥ 44
贈与‥‥‥‥‥‥‥‥‥‥‥‥‥‥ 226

贈与契約書…………………228
贈与者………………226

［ た 行 ］

第1順位………………22・26
第3順位………………23・26
第2順位………………23・26
代襲相続………………22
代襲相続人…………24・30・60
直系尊属………23・26・60・227
直系卑属………………22・192
賃借権…………………20
訂正…………………100
撤回…………………82・200
登記事項証明書………118・124
動産…………………20
特定遺贈………………98・148
特別寄与料制度………37
特別受益………36・181・223
特別受益者……………36

［ な 行 ］

内縁の配偶者…………170
二次相続………………48
認知…………………58・192
認知症………………154・186

［ は 行 ］

配偶者居住権…………178
配偶者相続人…………22
廃除…………………22・60・194
半血兄弟姉妹…………27
被相続人………………18
被代襲者………………30
非嫡出子………22・27・58
秘密証書遺言…………66・84

表題登記………………124
封印…………………71
付言事項………………59・206
負担付遺贈……………190
プラスの財産…………20・98
変更…………………100・201
包括遺贈……98・148・156・170・173
法定相続情報一覧図…34
法定相続人……………22
法定相続分……………26・28・30
法定遺言事項…………58
法務局………42・72・75・118・226
補充遺言………………94・154
墓地…………………161

［ ま 行 ］

マイナスの財産………20・98
未成年後見監督人……196
未成年後見人…………196
みなし相続財産………20・222
無利息型普通預金……217
持戻し…………………182・184

［ や 行 ］

遺言執行者…58・96・136・140・142・168
遺言書…………………56・58
遺言書情報証明書……72
遺言書設計シート……104・110
遺言の方式……………81
養子…………………22・24
養子縁組………………24
預金保険制度…………216
予備的遺言……………94・154

［ ら 行 ］

暦年贈与………………47・226

239

●**著者　柴崎智哉**（しばざき・ともや）

司法書士。2003年、埼玉県東松山市にて司法書士柴崎事務所を開設。不動産の相続登記や預金の相続手続きを主な業務としている。遺言書がなくて相続手続きが進まないケースを数多く見てきたことから、講演会やYouTubeにて遺言書の必要性について情報発信をしている。また、相続手続きの実務の現場から逆算した遺言書の書き方の研究に余念がない。家族信託や成年後見などの業務も行っており、相続・認知症対策の総合的なサポートも得意とする。

「相続」や「遺言」の知識を多くの人に知ってもらうために、2016年からYouTubeにて動画投稿を始める。運営する「司法書士柴崎智哉【相続・遺言書・家族信託】」チャンネルは「わかりやすい」と好評を得ている。

著書に『Ｑ＆Ａ「家族信託」の活用』（セルバ出版）がある。

司法書士柴崎事務所
https://souzoku-shiba.com

YouTubeチャンネル
https://www.youtube.com/@shibazaki

本書に関するお問い合わせは、書名・発行日・該当ページを明記の上、下記のいずれかの方法にてお送りください。
電話でのお問い合わせはお受けしておりません。
●ナツメ社webサイトの問い合わせフォーム
　https://www.natsume.co.jp/contact
●FAX（03-3291-1305）
●郵送（下記、ナツメ出版企画株式会社宛て）
なお、回答までに日にちをいただく場合があります。正誤のお問い合わせ以外の
書籍内容に関する解説・個別の相談は行っておりません。
あらかじめご了承ください。

ナツメ社Webサイト
https://www.natsume.co.jp
書籍の最新情報（正誤情報を含む）は
ナツメ社Webサイトをご覧ください。

そのまま使える！ 家族が困らない遺言書の書き方

2024年3月7日　初版発行

著　者	柴崎智哉	©Shibazaki Tomoya, 2024
発行者	田村正隆	

発行所　**株式会社ナツメ社**
　　　　東京都千代田区神田神保町1-52　ナツメ社ビル1F（〒101-0051）
　　　　電話　03(3291)1257（代表）　FAX　03(3291)5761
　　　　振替　00130-1-58661

制　作　**ナツメ出版企画株式会社**
　　　　東京都千代田区神田神保町1-52　ナツメ社ビル3F（〒101-0051）
　　　　電話　03(3295)3921（代表）

印刷所　**ラン印刷社**

ISBN978-4-8163-7510-1　　　　Printed in Japan